JN157033

「弱い」リーダーが最強のチームをつくる

"The Weak Leader" Makes The Strongest Team

一般社団法人
日本リーダーズ学会代表理事
嶋津良智

はじめに・・・
強く鈍感なリーダーより、弱く繊細なリーダーが結果を出す

ごまかすべきか、正直に言うべきか。

事務所に向かいながら、それだけを頭の中でグルグルと考えていました。20年前の当時、私がとある情報通信機器の販売会社で営業部長をしていたころ、リーダーとして非常に厳しく対処していたことがあります。

それは、遅刻です。遅刻は何一つ利益を生み出すもののない迷惑行為だからです。

ところが、あるとても大切な日に、私自身が遅刻をしてしまったことがありました。起きたときには始業時間を過ぎており、頭が真っ白になりました。「とにかく1秒でも早く」それだけを考えて事務所まで向かいました。

道中、頭の中で言い訳やら謝罪やらが駆け巡り、いっそのことごまかそうとも思いました。しかし、悩みに悩んだ末、遅刻した事実を自ら受け入れて、全員の前で謝罪をすることに決めました。

ただ、あれだけ普段遅刻にうるさい張本人の失態です。普通の謝罪ではメンバーに示しが付きません。私は事務所の扉の前で深呼吸をして、勇気を持って扉を開けた後

「おはよー！　大変申し訳ない！　寝坊して遅刻しました」

そう言って、入り口のところで土下座をしました。

悩み多きあなたこそが最高のリーダーになれます

本書を手に取っていただきありがとうございます。一般社団法人日本リーダーズ学

会代表理事　嶋津良智と申します。経歴を紹介しますと、新卒で就職した会社で同期１００人の中トップセールスマンとなり、24歳で最年少営業部長に抜擢されたあと、28歳で独立・起業、代表取締役に就任しました。起業した会社はＭ＆Ａを経て年間売り上げ52億円まで育て、ＩＰＯ上場を果たすことになります。

この上場経験で日本社会におけるリーダーの人材不足を痛感した私は、教育機関『リーダーズアカデミー』を設立、シンガポールを拠点としながら、世界15都市でビジネスセミナーを開催、日本に拠点を戻したあとも活動を続け、延べ３００００人以上のリーダー育成に携わり、現在に至ります。

私は仕事柄多くのリーダーと会ってきましたが、次のような悩みを抱えているリーダーは本当に多くいます。

「私にはずば抜けた能力もなければ、人をぐいぐい引っ張っていくカリスマ性もありません。指示や決断をするたびに『これでベストだったのか』と迷い、反発や批判を受けるたびに『私は間違っているのか』と心が折れそうになります。私はリーダーの資質に乏しいのかもしれません」

はっきり言います。こういう一見「弱い」人こそリーダーに向いています。

ずば抜けた能力がない？

結構じゃありませんか。凡人であるからこそ、凡人の気持ちがわかり、メンバーの気持ちに寄り添うことができるのです。

カリスマ性がない？

そんなの誰にもありませんよ。むしろ、一般のリーダーには害になります。人間は弱いもので、メンバーから心酔などされると、すぐ特権的な地位にふんぞりかえってしまいます。

私も昔は「強い」リーダーでした

さきほどの典型的なリーダーの悩みを逆さにして考えてみましょう。こんなことを思っているリーダーがいたら、あなたはどう思いますか？

「私にはずば抜けた能力があり、人をぐいぐい引っ張っていくカリスマ性があります。指示や決断をするたびに『これでベストだ』と確信を持ち、反発や批判を受けても『私は正しい』とゆるぎません。私はリーダーの資質で満ちあふれています」

こんなリーダーにチームがついていくと思いますか？
あなたがメンバーならついていきたいと思いますか？

一見、後者のほうが「強い」リーダーに映るでしょう。しかし私から言わせれば、**己の能力を過信し、反省する力、客観的に自分を見る力に欠けたリーダーでしかありません。**ビジネスマンとして、いや人間としての底の浅さを隠すために、虚勢を張っているだけです。はじめはうまくいっても、しょせんはメッキ。ぽろぽろと器の小ささが露呈して、継続的な結果は出せません。

かくいう私も、昔はこの「強い」リーダーでした。私が営業部長になったころの話を紹介します。就任3か月後、全国で売り上げを競う社内コンクールが開催されました。このコンクールは何回か開かれていますが、リーダーとして迎える初のコンクールです。努力を重ねた結果、なんと私のチームは部門全国1位に輝きました。

この成績に私は浮かれ、自分のリーダーシップに絶対の自信を持ちました。「オレの言う通りにしていれば間違いない」とチームをぐいぐい引っ張り、「毎回、1位をとってやる」と躍起になりました。

ところが、意気込めば意気込むほど空回りして、「俺はこんなに頑張っているのに！」とメンバーへの接し方が厳しくなりました。ある程度の水準は保ってましたが、とても毎回1位を狙える業績ではなくなりました。営業回りとみせかけてサボっている、という噂もちらほら聞くようになり、チームが私についてこなくなったのを肌で感じました。

今振り返れば、それも当然。当時の私はＫＫＤマネジメントによりチームを引っ張っていました。ＫＫＤとは私の造語で、「恐怖」「脅迫」「ドツキ」の頭文字の3語をとったもの。業績の悪さをみんなの前で叫びまくり、ホワイトボード用のマーカーをメンバーに投げつけては誤って事務の女性にぶつけ、自分の靴が吹っ飛ぶほどゴミ箱を蹴り上げていました。

当時の私は「リーダーがメンバーにしてやれる最大の貢献は、メンバーの目標達成」だと思っていました。これは今もそう思っています。

しかし、目標が正しくても、目標への導き方が間違っていると、そこにたどりつくことはできない。そんな単純な真実をわかっていませんでした。

「悪口大会」でノックダウン寸前

私はなんとかこの苦境を脱したいと思い、メンバーから見た「自分の本当の姿」を知ろうとしました。みんなの本音を引き出すために、40〜50人いるチーム全員を集めて私への「悪口大会」を開いたのです。

「さあ、悪口大会だ。遠慮なく私の悪口を言ってくれ」

そう言ったところで、意見の出にくいことを予想していた私は、前もってメンバー数人に自ら欠点を伝え、口火を切らせるという入念な根回しまでしました。その甲斐あって、当日はめでたく集中砲火を浴びました。

「嶋津さんのやり方は強引すぎる。まったく理解できません」
「嶋津さんは白いものでも黒く言わせるときがある。とてもついていけません」
「嶋津さんが目標達成と言っているのは、自分の目標達成のためでしょ」

あなたは何十人もの人間に、面と向かって欠点を言われたことがありますか？　言葉の一つ一つに胸をえぐられ、私はノックダウン寸前でした。

ただし、リーダーたるもの落ち込んでばかりではいけません。翌日、自分への批判に対して、

①単なる誤解
②自分なりの考えがあって、変えるつもりがない点
③素直に反省し、改善しようと努力する点

の3つに分けて、チームに伝えました。それで急にすべてがうまくいくわけではありませんが、チームとの距離は縮まり、徐々に業績は回復してきました。この荒療治で、私の「強い」リーダー像はガラガラと崩れ去りましたが、自分が目指すべきリーダー像を見つめなおすことができました。悪口大会をオススメするわけではありませんが、薄っぺらなプライドなどリーダーには必要ないと私は思います。

「チームが思うように動かない」という考え方はおかしい

当時の私はチームに強くあたっては、「思うように動いてくれない」とイライラしていました。しかし、人を動かそうと考えること自体、チャンチャラおかしいのです。メンバーはあなたの部下であっても、あなたの駒ではありません。**リーダーはチームが自ら動こうとする環境を整えることが大切です。**

頭ごなしにどなりつけたところで、人は動きません。相手の「弱さ」や心の「痛み」に共感し、正しいサポートをして、はじめて「この人のためなら」と動いてくれます。

弱さを「認める」ことと「居直る」ことは違う

ただし、ここで注意です。今まで言ってきたことは、「リーダーは弱くていい」という意味ではありません。リーダーですから、当然結果は求められます。反発を受けながらも信念を貫き通さなければならぬこともあるでしょう。

自分の弱さを「認める」ことと、自分の弱さに「居直る」ことは違います。私も、自分の弱さを認めていますが、そこにあぐらをかいているわけではありません。「弱くても、生き残るための方法」を常に考え、本書にも惜しみなく盛り込みました。

たとえば、3章では業務日報を用いた「準備8割：本番2割」の原則を紹介していますが、ぶっつけ本番って怖いんです、私。「何かあったらどうしよう」と不安でしょうがないから、何をするにも効率よく準備をして、本番に臨むようにしています。執筆していて改めてわかりましたが、怖がりで、繊細で、小心者だったからこそ、配慮の行き届いたサポートで、私は結果を残せてきたのでしょう。

「強さ」とは実に多彩

土下座した夜、あるメンバーから「あんなの『取引先に立ち寄ってきた』とか言って何もなかったかのように入ってきたら、たぶん誰も何も思わなかったですよ。でも、その正直なところが嶋津さんのいいところなんですけどね」

と言われました。私のチームは私よりずっと大人でした。私は遅刻を許さなかったのに、メンバーは私の遅刻を許してくれました。もう恥ずかしいやら、嬉しいやら。この体験を通じて、私は人としての「弱さ」をより自覚するようになりました。誰だって失敗やミスをする、リーダーもメンバーも。だからこそ、**他人への寛容さや助け合いの精神が仕事の原則になる**、と私は思っています。

「あのとき嘘をつかなくて本当によかった」そう心から思います。もし適当にごまかしてたら、自分の「弱さ」を認める勇気と誠実さを失っていました。ごまかし偽るリーダーにメンバーはついて来ません。

本書を読めば、あなたが嫌っていた自分の「弱さ」こそが最強のチームをつくる土台になるとわかるでしょう。「強さ」とは、実に多彩。決して上っ面の「強さ」だけを周囲に振りまき、中身がスッカスカの「強い」リーダーを目指してはいけません。

Ｐ４で述べた私の経歴。これ見たら順風満帆で右肩上がりの人生に見えますけど、そうじゃないんです。いや、全部事実なんですけど、仕事もお金もなくて悩みまくってた時期も当然あったわけで。今はある程度仕事もお金もありますが、あったらあったで失うことに常に怯えているわけで。一方で、こういう悩みとか不安はすごくいいことなんだ、って確信している自分もいるわけで、何ていうか一口で言えないんです。

言いたいことは、人ってそう単純じゃないこと。

他人のきらびやかな部分って、目につきやすく憧れやすいんですけど、それって幻想も多い。本書を手に取ったあなたは落ち込んだり、傷ついたり、心が折れそうになることが多いのでしょう。でもそれらは全部、人として大切な感情。リーダーに必須の資質。**真の「強さ」とは、「弱さ」を土壌に培われる。**そう私は信じています。

前置きはここまで。それでは、さっそくあなたの秘められたリーダーシップを探しにいきましょう。

contents

第2章

「差別」はいかんが「区別」せよ

【超コミュニケーション術】

第3章

【超効率術】
メンバーに「全力」で仕事をさせるな!

第4章

リーダーよ、(大ざっぱでも)ビジョンを抱け

【超目標達成術】

第5章

第1章

【超原則】
「弱さ」を補いあうチームは爆発的に伸びる

己の弱さを

三流のリーダーは、**正当化**し

二流のリーダーは、**秘匿**し

一流のリーダーは、**前提**とする

「弱さ」を隠すチームが背負う致命的リスク

私は、自分自身のことを非常に弱い生き物だと思います。毎日の仕事を通じて、あるいはプライベートでも問題に直面するたび、「気が小さいなぁ」とか、「弱い人間だなぁ」と実感することが多いです。

24歳からリーダーとなり、社交的な性格である私がこういうことを言うと、「意外だ」と反応されることがよくあります。しかし私に限らず、人間は誰しも弱い部分を持っているのではないでしょうか？ リーダーである以上、あるいはリーダーを目指しているならば、弱い自分を認めることには大きな意味があります。それは次の2点の理由です。

①成長願望が生まれる

弱い自分を認められるからこそ「今より、少しでも強く生きられるようになろう」と努力できます。矛盾するようですが、「自分の弱さを認め、自分をより良い状態に持っていこう」とアクションを起こせる人は、強い人間だと私は思います。

『なぜ弱さを見せあえる組織が強いのか』（著 ロバート キーガン、リサ ラスコウ レイヒー／英治出版）には、

〝大企業でも中小企業でも、役所でも学校でも病院でも、営利企業でも非営利団体でも、そして世界中のどの国でも、大半の人が『自分の弱さを隠す』ことに時間とエネルギーを費やしている。まわりの人から見える自分の印象を操作し、なるべく優秀に見せようとする。駆け引きをし、欠点を隠し、不安を隠し、限界を隠す。自

分を隠すことにいそしんでいるのだ〟

という一節があり、こう結論づけます。

〝弱点を隠している人は、その弱点を克服するチャンスも狭まる。その結果、組織は、その人の弱点が日々生み出すコストも負担し続けることになる〟

「弱さ」を隠す。これは「弱さ」を克服することではありません。「弱さ」をオープンにしたうえで、その弱点をどうカバーするかが大切です。自分の弱点をさらすことのできないリーダーは、自分やチームの成長の機会を奪い取っていると知りましょう。

②メンバーの弱点を「個性」とみなせる

自分の弱さを受け入れられる人は、他人の弱さを受け入れられます。

Aさんは、○○に適しているけれど、気が弱い部分がある。

Bさんは根本的には強い人間だが、△△のことになると途端に力を発揮できなくなる。

Cさんは命令されたことをきちんと遂行するが、自分の考えを主張することができない。

というように、それぞれの人にそれぞれの強みがあり、それぞれの弱みがあるもの。それは当然のことですし、大切なのは、チームメンバー一人一人の弱点を「個性」と捉え、各人がそれぞれの弱みを補い合うことです。チームには、メンバーの弱点を補うことのできる人が必ずいます。弱点を補ってもらった人もまた、別のシチュエーションでは誰かの弱みを補うことになります

弱点を補い合うことはお互いの「違い」を認め合うことです。チームのメンバーからは、「自分にはないなにか」を学ぶことができるでしょう。反対に、あなたもチームの誰かに、その人にはないオリジナリティを投げかけることができるでしょう。そうやってお互いに欠けている考え方や価値観、好みをシェアできれば、メンバー一人

一人の視野を広げられます。チームが強くなっていきます。

ルール違反・マナー違反は正す

注意すべきことは「弱いからしょうがないだろう」と開き直り、自分の弱さを正当化すること。遅刻魔のメンバーが「人間だから遅刻もしょうがない」と開き直っては、チーム運営に悪影響を及ぼします。弱さを認めるということと、ルール違反・マナー違反を許すことは違います。

ただすべきところは正したうえで、人の弱さを受け入れるリーダーが、最高のチームを作ります。

「弱い」リーダーが最強のチームをつくるスキル 1

➜メンバーの弱点は「個性」ととらえ、補いあうようにチームをつくる

反対意見が出ないのは
あなたが「裸の王様」だから

「苦言」はリーダーを成長させる

リーダーは自分を叱ってくれるメンバーを重宝しなければいけません。

偉くなればなるほど、年齢を重ねれば重ねるほど、その人の周囲からは叱ってくれる人が減ります。そんな状態が続けば、リーダーは「客観性」を維持しづらくなります。人間は弱いもので、耳の痛い意見も言ってもらわないと、己を見つめなおすことはなかなかできません。誰かに叱ってもらって初めて、自分の行いに修正を加えて、フラットな状態を保つことができます。

たとえば子どものころ、テーブルに肘をついてご飯を食べたら、親や周囲の人から叱られましたよね。叱られたからこそ、子どもは礼儀や常識を学ぶことができたわけです。

私は社長になってからも叱られたことが何度もあります。あるとき、私はあまりにやるべきことをやらない新入社員に対して「やる気がないなら辞めたら」と言いました。すると翌日、その社員は本当に来なくなりました。

強い口調ではなく「頑張れよ」という私なりの励ましだったのですが、すぐさま社員から呼び出しをくらいました。当時の会社では、社長が社員を呼び出すのではなく、社員が社長を呼び出します。喫茶店で彼は私にこう言いました。

「嶋津さん、あれはまずいですよ。私のように付き合いが長ければ、あれも嶋津さん流の励ましだとわかります。でも、知らない人からすると理解不能です。追い詰められて逃げ場がなくなってしまいますよ」

もっともな指摘だと思いました。当時の私はいまだに営業部長の感覚から抜け出ていなかったのでしょう。社長としての言葉の重みをわかっていませんでした。深く反省すると同時に、彼のように物怖じせず意見を言ってくれる人間に感謝しました。リーダーといえど、ただの人。叱られてはじめて成長できます。

叱ってくれるメンバーに感謝をする

リーダーとしてやっていけないことは、自分に意見を言ってくるメンバーを遠ざけたり、排斥したりすること。これをすると、周りはＹＥＳマンだけになり、あなたのことを思って苦言を呈してくれる人がいなくなってしまいます。

たとえば、社内で自分の意見がすんなりと通るようなら赤信号です。ある意見に対し反対意見があるのは当然。それがないということは、**「何か言うとにらまれるから」「上に逆らったらおしまい」という雰囲気をリーダーであるあなたが作っているの**でしょう。決してあなたの意見が正しいと思っているわけではありません。

そんな「裸の王様」リーダーにならないためにも、自分にモノを言うメンバーがいたら、その人と真摯に向き合いましょう。そうしてはじめて、自由な意見が飛び交う風通しのよいチームが生まれます。

「弱い」リーダーが最強のチームをつくるスキル 2

↓自分に苦言を呈すメンバーを重宝する

嘘を責めたてる人は嘘をつく人より性悪

人が嘘を言うのは当たり前

想像してください。あなたは営業部のリーダーです。成果がゼロだったメンバーの営業に「今日はちゃんとやったのか?」と聞くと、その営業マンは「はい、精一杯頑張りました」と答えました。あなたは自分の価値観からすると、「嘘だ」と思いましたが、どう反応しますか?

「バカヤロー」と怒鳴りますか？　それとも、何も言わず見過ごしますか？　ここで、怒るリーダーは二流です。嘘をついたことのない人間なんていません。あなただって仕事で嘘をついたことはあるはずです。「私は嘘などつかない」という人がいたら、それこそ大嘘つきです。

以前私の友人がこう話していました。「ポジティブな結果に持って行くための嘘は許されるけれども、ネガティブな方向に進んでしまう嘘はダメ」と。ネガティブな嘘とは、人をおとしめるような嘘でしょう。たとえば、先の成果ゼロの営業が「○○の遅刻が先方の印象を損ねたからだ」と作り話でごまかそうとしたら、それはネガティブな嘘です。

友人はこうも言っています。「人間なんて嘘をつく生き物なんだ。でも嘘か真実かを追及したところで答えは出ないことが多い。その嘘がトラブルなどに発展しない限り、そう白黒つける必要はない。嘘くらいついたっていいんだよ。人間なんだから」と。

「嘘をついてはいけない」などと単純に言わない彼の意見は、リーダーの参考になります。状況的に追い詰められている場合、人はつい嘘でそれをごまかそうとします。**ごまかすことは確かに悪いことですが、自己防衛は人間の本能です。**「良い」「悪い」以前に、「人はそういう弱い部分があるのだ」と理解しましょう。

嘘はハンドルの「遊び」の役割を担う

数字がものをいうビジネスにおいては、最終的に結果さえ出せるのであれば、それ以前の些細な嘘はどうでもいい、とさえいえます。今日嘘をついた人も、明日懸命に働くなら、それでよいのです。今日は成果ゼロの営業もあしたやる気を出して結果を出すなら、それでよいのです。

嘘は、ハンドルの「遊び」に似ています。ハンドルに遊びの部分があるから、自動車は急に曲がらず、事故を起こしにくくなっています。人の迷惑にならない嘘にいちいち目くじらを立てている人に、リーダーは務まりません。「遊び」を許されない職場では、人間関係から柔軟性が失われていきます。嘘を大目にみることもリーダーの役割であり、器の大きさです。

嘘を見抜く観察眼は重要

ただし、ここで注意点。些細な嘘でも野放図(のほうず)にしてよいわけではありません。

「この人はごまかせないな」
「この人は本当に人のことをよく見ているな」
「見ていないふりをして、実はよく見ているな」

と、メンバーに感じさせることは大切です。些細な嘘でもそれが続くようなら、「君ね、バレないと思っている?」と深刻にならない程度に指摘するほうがよいでしょう。

それがメンバーにとっての適度な緊張感につながり、メンバーのためになるからです。「このリーダーにつまらない嘘はつけない」というほどよい緊張感は、ポジティブな結果へとつながります。

ときには**メンバーの嘘を大目に見る包容力と決してダマされない観察眼、この二つがリーダーには求められます。**

「弱い」リーダーが最強のチームをつくるスキル 3

➜些細な「嘘」はハンドルの「遊び」のようなもの。人間関係の潤滑油になるので、ことさらに指摘しない

上っ面の強さをまとうなら
サルでもできる

抱え込みがちなリーダーへの処方箋

いろいろなことを自分一人で抱え込んでしまうリーダーがいます。責任感が強い人にありがちですが、これはよくありません。

先に話したとおり、チームとは互いの弱さを補い合い、支えあうために存在しています。「俺がチームを支えなければいけない」と気張って、極限まで仕事をする。その心意気は素晴らしいですが、自分一人でチームを支えられるほど強い人間はいません。リーダーはメンバーを支える一方で、メンバーに支えられてまったく問題ありません。自分が一方的にチームを支えようとするのは傲慢です。

弱点を補完しあうときに大切なのが「Who am I?」の発想。「自分は何者なのか?」と考え、自分の「弱さ」「強さ」「得意なこと」「不得意なこと」について、なるべく具体的に常日頃から考えましょう。己を知ることが、自分の弱いところや不得意なことをメンバーに任せたり、自分の強いところや得意なことでメンバーをカバーすることにつながります。

多くのリーダーは、自分の弱さを心の中では認めているでしょう。しかし、**その「弱さ」に蓋をしようとするから、自分一人で抱え込むのです。**ひどいリーダーになると自分の弱さを隠すために、メンバーに攻撃的になります。こういう人がもっとも弱い人間です。

定義づけが大切

自分は何者なのか？
何が強くて、何が弱いのか？
強いとはどういうことなのか？
弱いとはどういうことなのか？

もう一度、考えてみてください。そして、

「理想のリーダー」とは何か？
「理想のチーム」とは何か？

この定義をはっきり決めましょう。定義を考えずに、「理想のリーダー」を目指すことはバカげています。それは、どの山に登るか決めずして、山登りの準備を始めるようなもの。

たとえば、私にはNという親友がいますが、共感できるビジネスパートナーでありながら、Nと私ではリーダーとしてのタイプがまったく違います。簡単にいうと彼はボス・マネジメント、私はリード・マネジメントです。

一度、Nのやり方を真似てメンバーをぐいぐい引っ張っていこうとしたことがあります。私とは違うタイプだからこそ、彼のやり方に憧(あこが)れる部分がありました。

しかし、全然うまくいきませんでした。ボス気質が強いNのやり方を私が真似たところで、それはサル真似。**私には私の強みがあるので、それにあったやり方でないと意味がない**、と当時はわかりませんでした。

高い能力があって、カリスマ性のある人が最高のリーダーになるわけではありません。己をよく知ったうえで、自分の強みを把握し、自分の弱さに蓋をしないリーダーこそが、最強のチームを作ることができるのです。

「弱い」リーダーが最強のチームをつくるスキル 4

↓自分の「強み」「弱み」を掘り下げる

↓理想とするリーダー像・チーム像の定義を決めたうえで、理想に近づこうとする

第2章

【超コミュニケーション術】
「差別」はいかんが「区別」せよ

メンバーを支援するとき

三流のリーダーは、**差別的**に

二流のリーダーは、**平等**に

一流のリーダーは、**公平**に接する

苦手なメンバーとは「単純接触効果」でアプローチ

殺したいほど憎いメンバーはいますか？

この問いにはＮＯと答える方がほとんどでしょう。一方、「苦手なメンバーはいますか」と問われたらどうでしょう。ほとんどの方がＹＥＳと答えるのではないでしょうか？　リーダーが苦手なメンバーの接し方で覚えてほしいことは２つです。

①苦手な人がいて当たり前

どんな人にでも、「そりが合わない相手」はいます。そんなメンバーの対処に悩んでいるリーダーはこう思うようにしましょう。

「気の合わない相手がいて当たり前。人間だもの」

それを「うまくやらなくてはいけない」と考えるから、ぎこちなくなります。「チームに、苦手なタイプが一人や二人いるのは想定内」と考えましょう。

②苦手な人にこそ積極的に関わる

ただし、「苦手だから関わらないでいいや」ではいけません。苦手なメンバーにこそ積極的に声掛けを行いましょう。怖いことは、知らず知らずのうちにコミュニケーションの時間や回数が少なくなること。苦手な人とはどうしても距離を置きがちです。

たとえば、仕事中に思わぬところで苦手なメンバーに会ったとします。どうやら向こうはあなたの存在に気づいていないようです。そんなとき多くの人はそそくさとその場から離れるでしょう。電車だったら、こっそりと他の車両に移るかもしれません。喫茶店ならタバコを吸わないのに、喫煙席に逃げ込むかもしれません。

でも、そういうことは今日から止めましょう。自分から歩み寄って話しかけるべきです。「単純接触効果」と呼ばれる心理学の法則があります。**初めのうちは苦手なものも、繰り返し見たり、聞いたりすると、次第にポジティブな感情が起こる法則です。**苦手な人でも積極的に挨拶を行えば、多少なりとも関係性は改善していきます。

GEのCEOは時間の30%をコミュニケーションにあてる

アメリカのゼネラル・エレクトリック（GE）の話をしましょう。GEは、1980年代に世界の時価総額1位になったエクセレントカンパニーですが、GEのCEOは、どんなに忙しくても就業時間の30%を社員とのコミュニケーションにあてるそうです。あんなに大きな会社のCEOが、膨大な時間を社員との交流にあてています。我々のような普通のリーダーはもっとコミュニケーションを大切にするべきではないでしょうか。

距離を埋めるのをメンバーにゆだねてはいけません。**近づくのは自分から。**挨拶も

リーダーの仕事になります。

「弱い」リーダーが最強のチームをつくるスキル 5

- ↓コミュニケーションの時間を惜しまない
- ↓苦手な人にこそ積極的に声をかける

こじれまくった関係を一瞬でほぐす「ストレート話法」

よくないことは放っておかない

もっとストレートに人と関わってみませんか？

「空気を読む」ことは仕事に必須の能力です。相手の気持ちを考えず、自分本位のリーダーが成功することはできません。でも、「空気を読む」ことはコミュニケーションにおいてカーブだと、私は思います。カーブはストレートがあるから生きます。

気が合わない人と無理に仲良くする必要はないと、前項で私は言いました。しかし、そのレベルではなく、**敵対心を持っている仲間、常に反発してくる仲間がいたら、理由を探ることが必要です。**よくないことを放っておいて、事態が好転することなど100％ありません。放っておいた分、悪化するのが常です。

ストレートに話す大切さ

かくいう私も昔、「関係性がよくない支店長」がいました。同じ目標を持って、協力しあい、共に戦っていかなければいけない仲間であるにもかかわらず、どうにも関係がうまくいきませんでした。

はじめは放っておきましたが、いよいよ仕事に支障が出てきました。そこで、私はある日、彼に電話をして、彼が勤務する街まで飛行機で直接会いに行ったのです。

最寄りの喫茶店で落ち合い、挨拶もそこそこに「これから話したいことがあるんだけど、直球がいい？　カーブがいい？」と切り出しました。彼は「直球がいい」と答えたので、「じゃあ聞くけど、お前さ、俺のなにが気に入らないの？」とストレートに聞きました。「いや、別にそういうのないですよ」と彼はとぼけてきましたが、「じゃあ、ここにお前の部下を呼んで、嶋津との関係が良好かどうか聞いたら、何人が手を挙げると思う？」とさらに問い詰めました。

「一緒に戦っていかなければいけない仲間なのに、こんな関係性を続けていたらお互いにとってなにもいいことはない。だから、関係性を解決するために来たんだ」と。

その結果、いろいろなことがわかりました。彼の誤解やわがままもあったし、私が迷惑をかけた部分がありました。直接コミュニケーションをとることによって、見えなかった部分が見えるようになり、関係性はぐっとよくなりました。

行き違いが積み重なり、関係性がこじれたときも、腹を割って話せば修復できることがほとんどです。ストレートに人と関わることを恐れる気持ちはわかりますが、「やったほうがいい」ことから逃げることは止めましょう。プライドや見栄にとらわれていると、結局誰も救われません。

コミュニケーションは、頭で話すと頭に響き、心で話すと心に響きます。**仕事をしていると頭で話す機会が多くなりますが、こじれた関係を修復させたいときは、心で話すべきです。**

「弱い」リーダーが最強のチームをつくるスキル 6

↓こじれまくった人間関係は、ストレートに修復する勇気を持つ

警戒心を一瞬で解く
驚異の自己紹介メソッド

「お手並み拝見」の品定めは当たり前

新しい会社に就任したとき、または違った部署に異動になったとき、リーダーは少なからず「やりにくさ」を感じます。なれない組織に飛び込み、交流のなかった人たちをメンバーにするため、アウェイ感を感じます。

時には前任リーダーと比較され、時にはチームのキーマンに軽んじた態度を取られます。「お手並み拝見」とテストされることが多いので、リーダーとして認められにくいタイミング。実際、この段階で心が折れてしまう人も決して少なくありません。過去に似たような目にあったことは、私にもあります。しかし、それは当然の話です。

相手からすれば、その時点での私はまったく素性のわからない人間、そんな人間がリーダーとして上に立ったら、不安に思うのは当然です。**メンバーはリーダーに、そのポジションに座るべき「正当性」と「納得感」を求めます。**この2つはリーダーに備わっているものではなく、メンバーが見出すもの。見出される前は、前任者の評判がよい場合「こいつは大丈夫なのかな?」と疑いの目で見られ、前任者の評判が悪くても「こいつは大丈夫なのかな」とネガティブに比較されるものです。

しかし、そこでチームに反発を覚えるのではなく、「当たり前」と受け入れる度量をまず持ちましょう。

「自己紹介」で自分の元で働くメリットと理由を提示

次に、「こいつについていって大丈夫なのかな」というメンバーの不安を解消してあげましょう。小さな会社であれば、「会ったことはないけれど、実績は聞いている」ということが多いですが、大きな会社だと、「過去なにをしてきたかまったくわからないリーダー」として見られている可能性が高い。だから私はいつも、しっかり自己紹介をすることにしています。

自己紹介の内容は、

・自分の経歴
・実績（自慢できること）
・このチームで今後どんな貢献ができるか
・どんなチームにしていきたいという未来のビジョン
・守ってもらいたいと思っている仕事の進め方や約束事

・お願いしたいルールなどの決まり事
・自分のチームとして働くことにより得られるメリット
・自分のもとで働く理由

などです。

全員に対して一度にやるのか、個別にやるのか、徐々にやるのかは状況に応じて違ってきますが、自分の情報や自分のもとで働く理由・メリットを提示します。

「話すのが下手だからやりにくい」という人は、紙に書いて渡すという手段もあります。人数分をコピーして、「これに目を通しておいて」と配りましょう。それを見てもらいながらだったら、話しやすいでしょう。

直接話すほうが理想ですが、話ベタの人はこうしてください。一番悪いのは「話ベタ」ということに逃げて何もしないことです。

お互いのヒストリーを話す

メンバーと話すときの注意点は、「相手の話を聞き、自分のことも話す」こと。「ジョハリの窓」という心理学の法則によると、人間の魅力は『「開放の窓」の極大化』にあると考えられています。自分の思いや考えを開示していき、**「自分も知っていて、相手も知っている領域」を増やせば増やすほど、コミュニケーションは円滑になります。**

私が「究極の自己開示」としてよく行っているのは、メンバーを家に呼ぶことと、お互いのヒストリーを語りあうことです。会社では「リーダー」でも、家ではありのまま「素」の自分です。

「普段はあんなに威厳あるのに、家では結構尻にしかれているのだな」
「会社では几帳面なのに、家ではだらしないのだな」

と、メンバーはあなたの意外な一面を知り、あなたにもっと親しみを寄せるでしょう。

ヒストリーとは、その人の歴史を指します。相手のヒストリー、生まれてから今に至るまでをたくさん聞いてあげてください。

「どこで生まれて、どこで育って」という生い立ちを聞いてもいいし、学生時代、趣味などのプライベートな話を聞いてもいいでしょう。

そして、相手が自分のヒストリーを語ってくれたら、今度は自分のヒストリーを話しましょう。

図1　「解放の窓」を大きくすることが大切

	自分は知っている	自分は気づいていない
他人は知っている	**「解放の窓」** 自分も他人も知っている自己	**「盲点の窓」** 自分は気がついていないが、他人は知っている自己
他人は気づいていない	**「秘密の窓」** 自分は知っているが、他人は気づいていない自己	**「未知の窓」** 誰からもまだ知られていない自己

「喧嘩をして警察につかまったことがある」といった隠したい過去でも、つつみ隠さず話すことが重要です。

互いがお互いのヒストリーを話し、聞くことで、解放の窓は広がり、メンバーとの関係が深まっていきます。

「弱い」リーダーが最強のチームをつくるスキル 7

➔新任時の居心地の悪さを当たり前に思う
➔新任時は自己紹介を必ず行う
➔お互いのヒストリーを話し、自己開示を行えるよう努める

究極のパフォーマンスを引き出す「メンバーカルテ」

「メンバーカルテ」の項目

メンバー一人一人と面談をして、相手のことを理解し、そこから感じたこと、わかったことは「メンバーカルテ」としてまとめましょう。その名のとおり、お医者さんのカルテと同じです。お医者さんも患者さんを診察する時、最初にカルテを作りますよね。その人の状態を知ることが、適切な対応につながるからです。

リーダーもまた、メンバーの状態をきちんと把握しないと、一人一人のベストなパフォーマンスを生み出すことができなくなります。彼、彼女たちがどういう状態にいるのかを知るためには、最低でも次の項目（P60～61）を書き込みましょう。

「正しいノック」でプライバシーにも踏み込む

「ずいぶん踏み込んで聞くのだな」と思ったかもしれません。しかし、これからのリーダーは、メンバーの私生活にもある程度入り込んでいく必要があります。なぜなら、**育児や介護をしつつ働く人が増えてきたため、その人の生活背景に沿ったサポートが求められるからです。**

たとえば、あるメンバーの配偶者が病気で寝込んでいて、その家族に子供もいたとしましょう。リーダーがそのことを知っていれば、早めに帰宅させる配慮ができます。しかし、その状態を知らなかった場合どうなるでしょう？　もしかしたら残業のお願いをして、関係がギクシャクしてしまうかもしれません。こういった「知らないがゆえの悲劇」は、リーダーがプライバシーを把握することで避けられます。

とはいえ、プライバシーに関して言いたくないという人も、当然いることでしょう。本人の希望なら、それもしょうがありません。ただしその場合でも、「知ることによって色々配慮できることもあると思う。話せる範囲でいいから」とお願いしてみましょう。意図がわかれば、抵抗を覚えるメンバーは少ないでしょう。

気をつけなければいけないのは、「プライバシーは聞いてはいけない」と思い込むことです。正しいノックをすれば、開けてくれる人はいます。**「ノックすると失礼だから」と勝手に思い込み、メンバーの状態を把握する努力をしないと、リーダーもメンバーも不幸になることがあるので気をつけましょう。**

「弱い」リーダーが最強のチームをつくるスキル 8
↓個人面談を行い、メンバーカルテを作る

□達成イメージ（ゴールとプロセス）は？
□達成の鍵
□未達成要因
□私的目標を達成するために、仕事（会社）でどのような状況を作る必要があるのか？
□頑張るエンジン（誰のため、何のため）
□貢献したいと思っている人達
□貢献したいと思っている人達（その内容）
□強み、高い能力
□弱み、低い能力
□手にいれたい成長、達成感、得たい評価
□理想の上司像
□指導時留意点（やる気の出る仕事の任され方など）
□指導を受けるにあたって、知っておいてほしいと思うことはあるか？
□今興味を持って勉強していること（本を読む冊数、自己啓発、習い事など）
□できることならやめたい、やりたくないと思っていること
□得意なこと
□不得意なこと
□好きなこと
□好きじゃないこと
□「喜び」「生き甲斐」「楽しみ」「幸せ」「好き」「得意」「感動」「嬉しい」「必死」などの感情を抱いた過去の出来事は？
□どんな人達に魅力を感じるか？その人達のどんな所に惹かれるのか？
□あなたが信じている事
□あなたが変えたいと思っている事
□あなたが怖くて手放せないもの
□仕事をしていて良かったと思えた体験
□あなたは何をやりがいに仕事をしているか？
□現在の仕事で魅力を感じている事は？
□今の仕事に関わっていて、刺激を感じ、活き活きしている時はどんな時か？
□今の仕事に関わっていて、どんな時に自分らしさを感じるか？
□今高い価値観を置いているものは（5つ）？ その優先順位は？（例：家族、金、昇進、自分の時間、趣味、家の購入などできるだけ具体的に）
□今何か悩んでいることはあるか？

図2 「部下カルテ」の項目

1. 基礎情報

- □氏名
- □年齢
- □所属
- □最終学歴
- □現住所
- □職務履歴
- □過去の実績
- □有資格
- □健康状態
- □家族構成
- □経済的状況(お金)
- □ストレス発散法
- □社内で親しい友人
- □今の会社へ入社した動機
- □今の仕事を始めた動機

2. 現在

- □働く目的
- □今の会社で働く目的
- □今の仕事をしている目的

3. 仕事

- □今年の目標
- □今年の目的
- □達成イメージ(ゴールとプロセス)は?
- □達成の鍵
- □未達成要因

4. 個人

- □今年の目標
- □今年の目的

「平等サポート」はメンバーの持ち味を殺す

メンバーは「公平」に扱いましょう

メンバーには様々な「違い」があります。性格の違い、能力の違い、考え方の違い、多種多様です。ある人は短気だけど決断力はあり、ある人は何事も先延ばしにするけど寛容な性格の持ち主かもしれません。

「平等に扱わなきゃ」と、個性の異なるみんなに同じ指導をしていたら、メンバーから最高のパフォーマンスを引き出せなくなります。メンバーを平等にサポートすると、メンバーの持ち味を殺してしまいます。

野菜を育てるとき、すべて同じ育て方をしていたら野菜は育ちませんよね。なすにはなすの、きゅうりにはきゅうりの育て方があります。大切なのはおいしい野菜に育てることです。いまの時代、在宅や短時間勤務もあれば、ノマドのような働き方だってあります。**いろんなパターンがあるなか、その人がもっとも仕事をしやすい環境を整えることが、リーダーの仕事です。**

その人が「俺は、外で仕事をするほうが効率的なのだ」と言うなら、会社のルールに抵触しない限り認めてあげましょう。「私はみなより遅い時間から働くほう効率がよい」と言うなら、チームに支障が出ない限り認めるべきです。みなをみな同じ枠に当てはめるほうが不自然です。

「公平サポート」を行うときの3つの注意点

ただし、こういう「公平サポート」を行うときは、メンバーと以下の3つの内容について、必ず取り決めを行ってください。

①成果の定義

「何をもって成果とするのか」を定めます。

②計画表の作成

「いつまでに、何を、どれくらい、どうするのか」という計画表を提出させます。

③進捗の報告

「いつ、どのような方法で進捗報告が成されるか」を決めます。

「外で仕事したい」「はい、どうぞ」ではリーダーといえません。この3つを定めないと、ルールを乱すだけになるので事前にしっかり話し合いましょう。

「説明責任」を果たす

リーダーには「結果責任」「育成責任」「説明責任」「成長責任」という4つの責任がありますが、不平等サポートを行うとき、大切にすべきは「説明責任」です。

先ほどの、「配偶者が病気で寝込んでいて、子供もいるメンバー」のケースで考えてみましょう。あなたが気を利かしてそのメンバーを優先的に帰宅させていると、必ず「差別だ」と申し立てるメンバーが出てきます。そういうときは、「○○さんはいまこういう状況にいて、配慮してやりたいからみんな協力してくれ」とメンバーに説明するのがリーダーの責任です。

「平等」という言葉にとらわれて画一的なサポートを行ってはいけません。それぞれの能力や生活状況に配慮すれば、別扱いになって当然です。メンバー全員を平等に扱うことはリーダーの怠惰。「平等」ではなく、「公平」なマネジメントを目指しましょう。「差別」ではなく、「区別」をするのです。

「好き」「嫌い」で差別的に接することはもってのほかですが、リーダーはメンバーの特性・状況を見極め、最高のパフォーマンスを引き出せるようサポートしていきましょう。

「弱い」リーダーが最強のチームをつくるスキル 9

➡メンバーを「公平」にサポートする

➡特別扱いをするときは3つの取り決めを行い、不満を言うメンバーに対しては「説明責任」を果たす

半分ぐらいから反対されたほうがうまくいく！

「苦言」はリーダーを成長させる

自分を支持しないメンバーが少しでもいると、落ち込んでしまうのは人としてしょうがありません。リーダーも人です。誰だって、自分が否定されるのはつらいものです。しかしこれからは、自分を支持しないメンバーがいたら喜ぶようにしましょう。反対派がいることは健全なチームである証拠だからです。

2対6対2の法則

「2対6対2」という有名な法則があります。集団においては、生産性の高い優秀な人が2割、普通の人が6割、生産性の低い怠け者が2割に分かれるという説です。この法則でいうならリーダーが何か改革を行うとき、2割は改革を支持し、6割はどっちつかずの中間層、2割は反対派になります。

2割の支持者の心をがっちりつかまえていれば、中間層のうち4~6割は引っ張りあげられるようにあなたの支持者になるでしょう。結果として、6割以上の過半数があなたを支持してくれるなら、何も問題ありません。

リーダーたるもの**「2~4割の反対勢力があったほうが、チームとしてのバランスはいい」くらいに鷹揚に考えましょう。**もし10割が自分を支持したら、とたんに「裸の王様」リーダーと化して、人は客観性を失います。「自分のいうことに従わない人」や、「自分の思った通りに動かない人」は重要な役割を担っています。

自分に異論を言ってくるメンバーがいない状態こそ、リーダーが恐れるべき状態です。「反対意見にこそ自分が見落としている金の提案が隠されているかもしれない」と思うことが、最高のリーダーになる第一歩です。

反対派が8割以上でもやり抜くときはやりとおす

ところで、8割以上が自分のやり方に反対している場合は、どうするべきでしょうか。この場合、さすがに自分のやり方を見直すべきでしょう。

しかし、**できうる限り客観的に自分の政策を見つめなおし「それでもやる価値がある」と判断した場合、やり通すべきだと私は思います。**

ビジネスの良し悪しは多数決では決まりません。「嫌われるのが怖い」という理由で改革を断念してはいけません。初めは批判が多くても結果が伴えば、賛成派は徐々に増え、その支持者に引っ張られるようにあなたに賛成する人が増加するでしょう。

「弱い」リーダーが最強のチームをつくるスキル 10

➡6割以上が自分を支持していればよしとする

➡過半数が反対しても、自分が正しいと信じたことを貫くべきときもある

飛躍的に生産性を高める叱り方4つのポイント

悪い叱り方

「○日もかけて作ってこのレベルなの?」

「これくらいの仕事はこなしてもらわないと困る」

「この資料、私が作ったと思われたら恥ずかしいよ」


どこの職場にもあるこうした発言が、メンバーをどれだけ傷つけ、どれだけ士気を下げてしまっているか、リーダーは心に戒めなければなりません。**リーダーの言葉には、やる気に燃えたメンバーの心を凍てつかせる威力があります。**

叱り方は、４つのポイントを意識するだけで簡単に改善することができます。

①「悪い叱り方」をなくす

「悪い叱り方」とは、メンバーの能力や人格を否定することです。冒頭のセリフがまさにそうですね。

もちろんリーダーにも、

「悪気はなかった」
「勢いで言ってしまったにすぎない」
「ついカッとしてしまった」

など、事情はあるでしょう。しかし、理由がどうであろうとも、口に出した事実に変わりはありません。

②メンバーの能力不足はあなたのせい

仕事ができないメンバーがいたら、リーダーの指導力に問題があります。メンバーに対してひどい言葉をかけるのは、責任意識が欠如している証拠です。

もしもメンバーに対して「なんでこんなにだめなんだ」と感じたときは「自分の指導が至らない結果だ」と考えを修正して、感情をコントロールしましょう。メンバーは自分を映す鏡のようなもの。悪口を言ったり、罵倒したりすることは、天に向かって唾を吐くことと一緒です。

③叱り方の４つのコツ

叱り方のコツは、①事実、②影響、③自分の感情、④相手への尊重について言及することです。たとえば、メンバーのクレーム対応を叱るときは以下のようになります。

「君はお客様に18時までに原因を調べて折り返すと伝えたのに、そのままにして帰ったそうだね（事実）。当社のクレームに対する姿勢が問われ、お客様の信頼を失った（影響）。私は非常に残念だ。がっかりした（自分の感情）。この点に関して君はどう思うか、聞かせてもらえないだろうか？（相手への尊重）」

この中で一番大切なのは、「相手への尊重」です。きつい言葉を投げかけたとしても、その後で「君はそれに対してどう思う？」と気持ちを聞いてあげることが大切です。

自分がメンバーの立場なら、一方的に感情の暴力を投げつけてくるリーダーと、叱りながらも最後に自分の意見をくみ取ろうとするリーダー、どちらのリーダーに親しみと信頼を寄せますか？　間違いなく後者でしょう。

④場所とタイミング

叱る場所やタイミングも重要です。場所については「褒めるときは人前で、叱ると

き は個別に」、タイミングについては「その場ですぐに」が基本です。

ただし、あなたが「このミスは他のメンバーもする可能性がある」と判断したら、情報共有することが大切です。ミスや失敗の情報共有は生産性の向上になります。もちろんその場合「皆の前で話していいか」とメンバーに了承を取ることが前提。了承も取らず皆の前で話すことは、「つるし上げ」です。

「弱い」リーダーが最強のチームをつくるスキル 11

↓叱る時は能力や人格を否定せず、事実に基づいて話す
↓メンバーの能力不足は自分の指導不足とする
↓最後に「君はどう思う?」と聞いて相手を尊重する

やってはいけない気持ち悪い褒め方

メンバーを褒める話になると、「褒めてあげたいんだけれど、自分は褒めベタなんだよね」と否定的に答える人がいます。

褒めベタの共通点は「自分があまり褒められたことがない」ということでしょう。どうやったら人が喜ぶのか、褒め方がわかりません。「どうやったら褒め上手になれるんだろう？」と悩む人が多いのですが、褒め上手になる必要はありません。

身も蓋もなくいうと、**褒めベタが無理に褒めようとする姿は気持ち悪い。**それはきっと相手にすり寄ろうという気持ちがあるからです。多くの場合、メンバーにもその気持ちを見透かされ「なんか唐突に褒められたけどさ、魂胆見え見えで気持ち悪いよな」などと言われます。自分が苦手なことを無理してやって、メンバーに陰口をたたかれたら、目もあてられません。

チームの基本は「お互いを補いあうこと」、リーダーの基本は「己を知ること」でしたね。ネガティブな人間なのであれば、無理に明るく振る舞う必要はありません。大切なのは、無理やり自分が変わるのではなく、自分の不得意な点をメンバーにカバーしてもらうことです。「自分は暗い」「褒めるのが下手だ」とわかっているなら、褒め上手なメンバーにカバーしてもらいましょう。

他のメンバーに相手を褒めてもらうときのコツは2つです。

①「褒め」のアウトソーシング

信頼できるメンバーに「俺がこう褒めていたって、アイツに言ってくれない」と協力を求めましょう。いわば、「褒め」の委託、アウトソーシングです。これは、直接褒められるより本人にとって嬉しいもの。悪口は直接言われるより、陰で言われたほうがヘコみますよね。それと一緒で、「褒め口」も直接言われるより、人づてに聞いたほうが嬉しいもの。どんどん「褒め」を外注しましょう。

②第三者の言葉を借りて褒める

この第三者はあなたより位が上だとより効果が高くなります。たとえば、売り上げ目標を達成したメンバーに対して、「営業部長が大したもんだって褒めてたぞ」と伝えるのです。これならあなたのやることは褒めるではなく、伝えること。ハードルがぐっと下がります。

「認める」ことにコツはいらない

「褒め方までカバーしてもらえないよ」というリーダーがいたら、メンバーを認めてあげてください。

「褒める」というのは、自分の価値基準において、その人自身やその行いをよく言う行為。対して**「認める」というのは、行いのよいと自分が判断した事実を告げる行為です**。文字通り「見て、留める」ことが語源です。

たとえば、子どもがピアノの発表会で上手に弾けたとします。そんなとき「すごーい」「上手！」と表現すれば、それは「褒める」行為。一方、「弾けたね」と事実の描写をすれば、それは「認める」行為です。

「認める」ことにコツも何もありません。「電話のコールは2回以内で取る」というルールがある会社で、新人がすぐ電話をとることができたとしましょう。

そのとき、「2回以内で取れたね」と口にすることができたら、それだけで認めたことになります。「それだけでいいの」と思うかもしれませんが、そんな些細なことでメンバーはやる気を出します。

褒め方のコツ

ちなみに、褒め方のコツは、叱り方と同じです。先のクレーム対応の例でいうならこうなります。

「君はお客様に18時までに原因を調べて折り返すと伝えて、ちゃんと連絡してかえってくれたそうだね（事実）。当社のクレームに対する姿勢が問われる中で、信頼を勝ち取ったと思うよ（影響）。私はうれしいよ（自分の感情）。ありがとう。この件に関して、君はどう思う？（相手への尊重）」

「欠けたドーナツ」

「欠けたドーナツ」という比喩をご存知でしょうか。ドーナツの一部が欠けていると、他の正常な部分に目がいかず、その欠けた部分にばかり目がいく人間の習性を指します。

人は、他人の欠点はすぐ目につくのに、長所にはなかなか目を向けないものです。**意識して褒めるようにしないと、褒めることはなかなかできません。**

図3　他人の長所に目がいかない理由

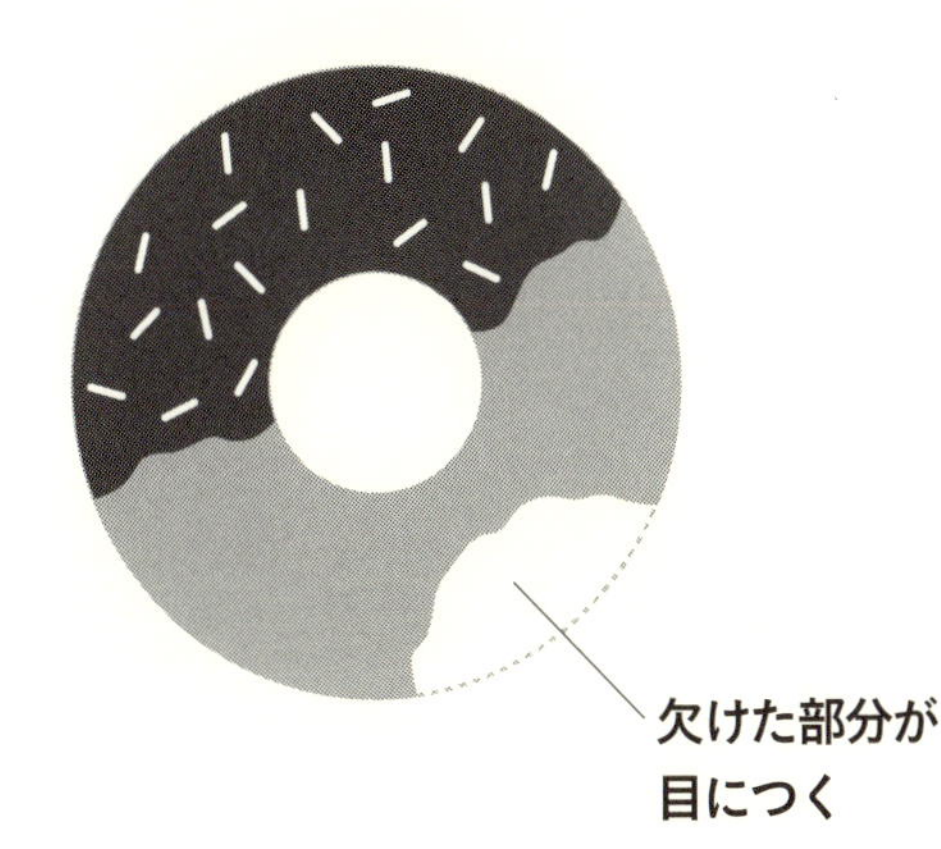

言い方ひとつで、メンバーのモチベーションは激しく上下します。リーダーは、自分の言葉にそれだけの力があると自覚しましょう。

「弱い」リーダーが最強のチームをつくるスキル 12

➡褒めベタだと自覚があるなら、自分で無理に褒めず、他人を使って褒める
➡事実を口にするだけで相手を「認める」ことになる
➡人は他人の欠点にばかり目がいくもの。意識して褒めるくらいがちょうどいい

「いい人」リーダーはドツボにはまる

好かれること、嫌われることは目的にあらず

褒めることは重要ですが、褒める目的が「自分が好かれるため」になってはいけません。逆にいうなら、嫌われることを恐れて、叱ることを怖がってはいけません。

「リーダーは嫌われ役」

「それは古い。今は、好かれる必要はないが嫌われてはいけない」

こういった議論に意味はありません。リーダーは嫌われようが好かれようが、どちらでも構わないからです。嫌われることを恐れて、やるべきことに躊躇してはいけません。

孤独を恐れない強さ

「リーダーは孤独か」と聞かれたら、物理的に孤独ではないが、思想的には孤独といえるでしょう。会社に行けばメンバーがいて、仲間がいる。だから私は、物理的に孤独を感じたことはありません。

しかし、思想的にはいつも孤独です。リーダーの見ている景色とメンバーが見ている景色は異なります。どんなにメンバーと仲良くなることができても、負わされている責任も立場も異なるため、メンバーの理解が及ばない部分は出てきます。

リーダーが机に座って「チームの生産性を上げるためには、どうしたらよいだろう」と考えていても、メンバーから見たら「外回りしなくていいんだから、ラクだよな」などと思われているかもしれません。

孤独を恐れないリーダーとして、私が思い浮かべるのは平井伯昌（ひらいのりまさ）氏です。彼は、アテネ、北京オリンピックと2大会連続で金メダルを獲得した北島康介選手を指導した水泳コーチですが、有名なエピソードがあります。

『当時、康介の練習をみていて、ジュニアオリンピックで中学記録がでそうになったことがあった。まわりの人たちもこの調子でいくと中学記録がでるだろうと騒ぎだした。だがこれまで学童記録をだした選手を何人も出していた私の経験からして、へんに注目をあびてほしくなかった。ちやほやする外野が増えると、かえって面倒なことになる。そこで試合前の練習を厳しくした。うまく泳げていると思っても、やりなおしの声をかけ、いつもより負担をかけて疲れさせる作戦を実行した。調子をわざとおとさせたおかげで、試合では中学記録にも及ばず負けてしまった。康介には申し訳ないことをしたが、正直にいえば、負けてよかったと思う。ストレートにオリンピックを目指さなければいけない時期だった。中学記録程度でうかれているひまはなかった。4年間弱という短期間でオリンピックを狙う選手を作ることが先決で、寄り道をしている場合ではなかった。このとき中学記録をとらせていたら、おそらく心技体のバランスがくるってしまっただろう。私たちはもっと遠くを見つめているんだという気持ちがあった』

「好かれる」も「嫌われる」も手段

この例からリーダーが学べることは5つです。

①メンバーのことを本気で考えると、嫌われることを恐れなくなる

本番前にきつい練習をさせたら、選手に嫌われる可能性は高いです。嫌われても選手にとってベストだと思うことを実行したのでしょう。

②メンバーの人間性を理解し、最適にリードする

北島選手でなければ指導法を変えた可能性もあります。相手のことを深く理解してはじめて最適な導き方がわかります。

③ゴールを目指して、目先の結果にとらわれない勇気を持つ

彼は学校の先生ではなく職業指導者です。「結果」には敏感だったでしょうが、それでも4年後の結果を優先させる勇気がありました。

④リーダーとしての自分の考え方に対する信念を持つ

「調子をわざと落とさせる」というのは、セオリーの指導法ではありません。当然葛藤もあったでしょうが、「それでも正しいはずだ」と決めたら、つらぬき通す信念がありました。

⑤お互いが信頼しあう関係を築く

どんなノウハウも信頼関係がなければ実はむすびません。不信を買いかねないコーチ法でも、最高の結果を残せたのは「信頼」という土壌があればこそです。

どれも大切ですが、ここで特に覚えてほしいことは①です。リーダーの役割は、自分の任された責務をしっかり全うして、結果を出していくことだけです。結果のためには、嫌われることもやるし、好かれることもやります。**「好かれること」「嫌われること」はリーダーにとって目的ではなく、ただの手段です。**

「弱い」リーダーが最強のチームをつくるスキル 13

➔リーダーは思想的には孤独なこともある
➔「好かれること」「嫌われること」は目標達成のための手段と割り切る

第3章

【超効率術】

メンバーに「全力」で仕事をさせるな！

目の前の仕事に

三流のリーダーは、**全力**で取り組み

二流のリーダーは、**優先順位**をつけ

一流のリーダーは、**劣後順位**をつける

メンバーを超効率的にする3ステップ日報

仕事の棚卸し

リーダーは、どんなに忙しくても「仕事の棚卸し」をしなければいけません。仕事を効率よく行うためには、「どんな仕事がどれくらいあるのか」きちんと把握しておく必要があります。

しかし、メンバーの多くは仕事の種類とその量を把握していません。忙しさに追われるばかりで、じっくり考えたことがない人がほとんどです。

「今日はこれをやらなきゃ」
「明日はこれをやらなきゃ」

と**目の前の雑事に追われて、「なぜ忙しいのか」「なにをすれば忙しくなくなるのか」を考えない。**「忙しい」と言う人こそ「なぜ忙しいのか」がわかっていない理由は、ここにあります。

日報で3つのステップを踏む

「PDCAサイクル」の生みの親「改善の祖」と呼ばれるウィリアム・E・デミング博士は

「定義なきものは、管理できない。管理できないものは、測定できない。測定できないものは、改善できない」

と言っています。仕事というものは「問題を定義し、管理し、測定してはじめて改善ができる」と彼は主張しました。

仕事の「定義」「改善」で私が常に使っているのが業務日報です。今日の仕事の記録をかかせることで、その種類と量を把握させます。イメージ的には、「レコーディングダイエット」に似ています。食べたものを書き出すことでダイエットするように、**やっている仕事を書き出すことで、仕事のダイエットを計るわけです**（日報フォーマットは次ページ図）。日報では「仕分け」「効率化」「強化」の3つのステップ、11の段階を踏みましょう。

Ⅰ仕分け

①時間を日・週・月・四半期・半期・年単位に区切る

そのうえで、「通常業務」と「突発的に起こる業務」に分類する

図4 「日報」見本

目標		目標の達成度		氏名:
目的				

計画(前日作成)

出社時間	仕事内容	難	重	緊	新・旧
8:00					
9:00					
10:00					
11:00					
12:00					
13:00					
14:00					
15:00					
16:00					
17:00					
18:00					
19:00					
20:00					
21:00					
退社時間					

出社時間	仕事内容	難	重	緊	新・旧
8:00					
9:00					
10:00					
11:00					
12:00					
13:00					
14:00					
15:00					
16:00					
17:00					
18:00					
19:00					
20:00					
21:00					
退社時間					

内省	
教訓	
次行動	

仕事内容	時間
Total 時間	

②「コーディネート業務」「定形業務」「非定形業務」の3つに分類

コーディネート業務は、なにか新しいものをつくりだしていくようなタイプの仕事で、主に考えることが中心。いわば、社員でなければできない仕事のことを指します。対する非定形業務は、社員とアルバイトで半分ずつこなしていけるような業務。そして定形業務は、マニュアルを作ってしまえば社員以外にでもこなせるような仕事を指します。

Ⅱ効率化

③廃止できる仕事はないか？
④自分以外の人間、他部署、他の職種、チームに委譲できるものはないか？
⑤外部業者やアルバイトにアウトソーシングできないか？
⑥簡略化できる仕事はないか？
⑦部署間や他の同僚とだぶっている仕事はないか？
⑧作業の回数を減らすことはできないか？

Ⅲ強化

⑨一年以上見直していない取引先、コストはないか？
⑩最終的に分類された仕事で「もっといいやり方」はないか？
⑪最終的に分類された仕事の人員、必要な所要時間、役割分担、責任の所在を明確にする

準備8割：本番2割

「80対20の法則」でいえば、やっている仕事の8割は雑事で、残りの2割が重要な仕事です。

多くの人は8割の雑事に8割の時間を当て、2割の重要な仕事に2割の時間を当てます。しかし、**仕事を効率的に行うことは、8割の雑事に2割の時間を割き、2割の重要な仕事に8割の時間を割くことです。**この「時間のたすき掛け」が効率化のキーワードになります。

たとえば、私たちがレストランに行って注文を行うと料理が出てきますが、あれは開店前に膨大な時間を「仕込み」の時間に割いているからです。

午後5時が開店だとしたら、その10分前に集まっても店は成り立ちません。料理の下ごしらえ、清掃、スタッフへの伝達、こういった下準備をお昼すぎから始めて、ようやく開店後の本番中、効率よく作業ができます。準備：8割、本番：2割で力を発揮できるのです。

確かに、チームからみたら日報を書く

図5　20%の「大切なこと」に80%の時間を割く

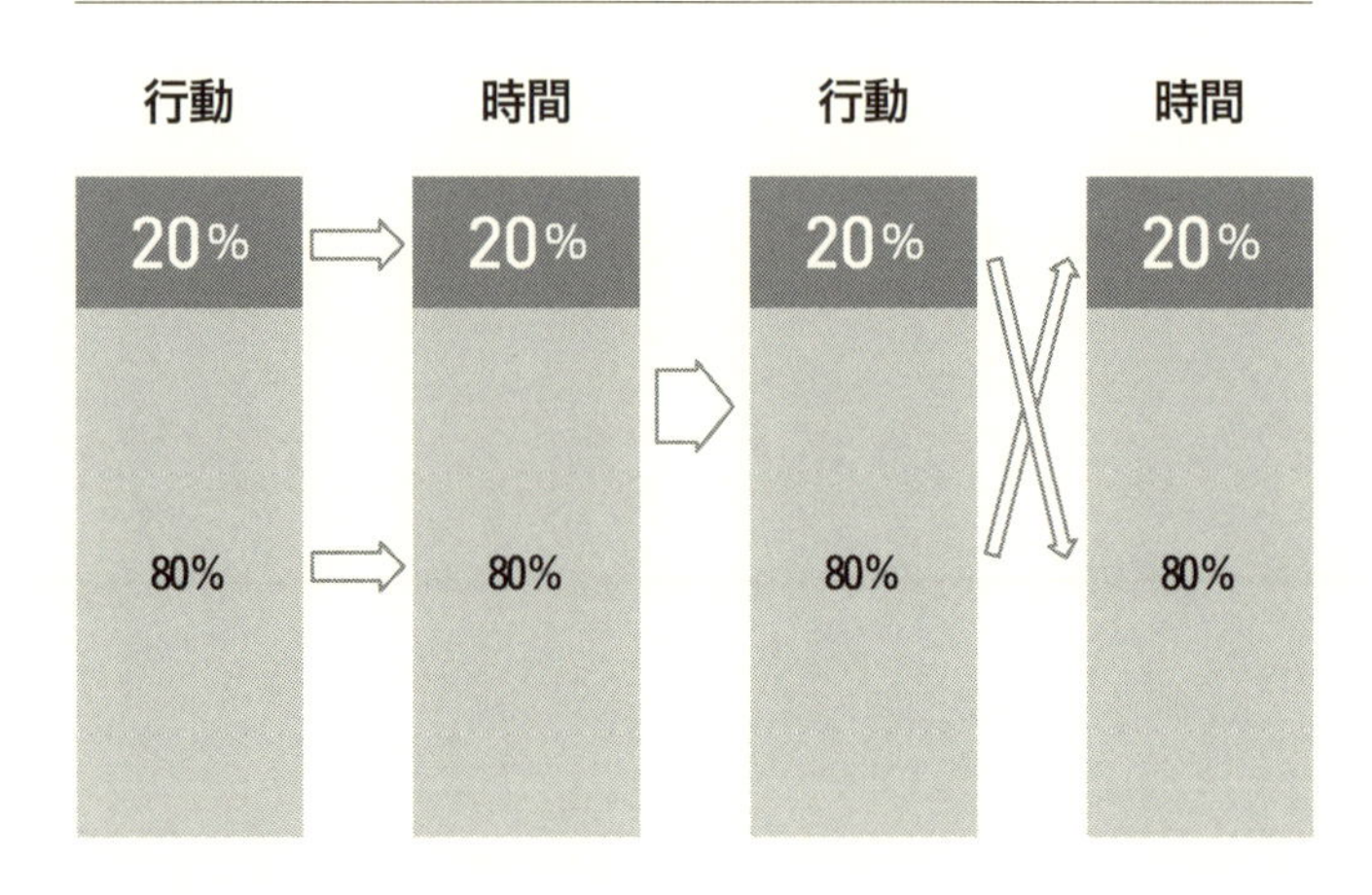

ことで時間が取られ、リーダーからみても日報を見ることで時間を取られます。しかし、**この仕事の棚卸しこそ2割の重要な仕事です**。ここで時間を割くことが、長い目でみると効率的になります。

世界的ベストセラー『7つの習慣』の「刃を研ぐ」というエピソードをご存じですか。ボロボロのノコギリで仕事をしている木こりに、刃を研ぐことを勧めるも、「刃を研いでいる暇なんてないさ。切るだけで精一杯だ」と返される話です。

目の前の仕事に100%の力を割いてはいけません。大切なのは刃を研ぐ時間も設けること。リーダーは、仕事の準備に8割の労力を割くようにしましょう。

「弱い」リーダーが最強のチームをつくるスキル 14

➜日報を用い、仕事の「仕分け」「効率化」「強化」を行う
➜2割の大切な仕事に8割の時間をあてる

なぜ、「忙しい」人はゴミ仕事をでっちあげるのか

なぜ人はゴミ仕事を作るのか

「仕事の棚卸し」が重要だと言いましたが、そもそもなぜ棚卸しをする必要があるのでしょうか。それは「人は仕事をつくる生き物」だからです。不要な仕事がつくられる理由は主に2つです。

①閑散期の仕事を繁忙期に持ち込む

時間的な余裕があると、組織は知らず知らずのうちに無駄な仕事を作り出します。特に、繁忙期と閑散期の差が激しい業種に起こりやすいと言われています。閑散期に作り出した余計なゴミ仕事を繁忙期に持ち込むからです。

たとえば、友人がレストランで働いていたときの話です。ある日、マネージャーのお達しで食事時ではない閑散期に「観葉植物を拭く」という仕事が業務に加わったそうです。しかし、これがいつしか通常業務にすり代わり、食事時の繁忙期にも観葉植物を拭くようになったとのこと。この話をすると笑う人が多いのですが、これと同じようなことは、どの組織でも起こっています。

②忙しい人の仲間入りをする

周囲が忙しそうに動いていると、「自分も同じように忙しくしなければ」と不安になり、やらなくてもいい仕事をなんとなく始めます。不必要な手順を踏むことで忙しい人の仲間入りをするわけです。たとえば、行く先もないのに「仕事しています」アピールのために外に出かける営業はその典型でしょう。

仕事の「見える化」に反発は必至

効率化に抵抗はつきものです。「時間がない」というチームにかぎって

・「監視されたくない」と日報を書かない
・「書き方がわからない」と日報を雑に書く
・ミーティングであえて意見を言わない

といった反逆行動を取り、

「日報を書く、その時間がムダ」
「日報を書くヒマあったら、現場に1秒でもいたい」

などともっともらしい反論をしてきます。仕事の「見える化」に反発は必至です。

誰だって、自分がひんむかれて裸にされるのはイヤなはずです。日報を書かされることは、自分の時間を丸裸にされるのと似ています。そりゃ、イヤに感じる人もいるでしょう。しかし、そんなことは想定内。ここでくじけてはいけません。

引っ越しのために荷物を全部まとめた結果、目の前に積み上がったゴミを見て「こんなに大量のゴミが、この狭い部屋のどこにあったんだろう?」と感じたことはありませんか。仕事も整理整頓をしないと、ゴミであふれかえります。**ゴミの中で仕事をすることほど、非効率なことはありません。**リーダーはまずゴミ仕事を退治しましょう。

「弱い」リーダーが最強のチームをつくるスキル 15

↓仕事の「見える化」への反発は想定内に入れ、ゴミ仕事を退治する

時間管理なんて間違えてナンボ

時間管理の根本

仕事は捨てて、捨てて、捨てまくりましょう。時間管理とは、「より多い時間で、より多くのことをして成果を出す」ことではなく、「より少ない時間で、より少ないことをして成果を出す」ことです。製造のライン業務など、時間と生産性が比例しやすい仕事もありますが、基本は後者の考え方が正しいです。

「でんかのヤマグチ」（東京都町田市）という電器店は、顧客を絞りこむことで21期連続の黒字を達成しました。同社の山口社長は20年ほど前、大手家電量販店の進出を受けて、3万人あった顧客を1万人にしぼり、サービスの向上化を達成したとのこと。

「成績が下がっている？　じゃあ、もっと長く働かないと」と思うリーダーは根本的に間違っています。プレイヤーなら時間で成績を上げようとすることは勝手です。しかし、リーダーがそれを強いると、メンバーは必ず消耗していきます。

「成績が下がっている？　じゃあ何を捨てれば、効率的になるのだろう？」とリーダーなら思いましょう。**労働時間を延ばすのではなく、仕事の質を上げさせることで、売上に貢献するべきです**。仕事を捨てるときの流れは、「スクリーニング→実行」がスムーズです。

①スクリーニングに役立つ2つのフレーズ

スクリーニングにあたり、もっとも大切なのは「何から捨てるか」です。「何からやるべきか」という優先順位をつけるのではなく、「劣後順位」を決めることが大切です。劣後順位をつけるにあたって非常に役立つ問いかけがあります。

「この仕事をしないと困る？」
「この仕事の目的は何？」

という魔法のフレーズです。止めても困らなさそうな仕事、目的のわからない仕事をざっくりふるいにかけ捨てましょう。

②実行するときの判断ポイント

実行時の一番の判断ポイントは「迷ったら捨てる」こと。ちょっとでも迷ったら捨てましょう。これは極端に言っているのではありません。理由は2つです。

1つめは、迷っている時点で捨ててよい可能性が高いからです。人間は、本当に大切なものは本能的に捨てません。大切なものは、捨てるかどうかなどと迷いません。

2つめは、困ったらもとに戻せばいいからです。今までやっていた仕事を止めることは勇気がいるようで、実は簡単です。捨てるかどうかウダウダ考えることほど、無駄な時間の使い方はありません。

迷ったら捨てる→困ったら戻す、このトライ&エラーを繰り返したリーダーだけが効率化を達成します。失敗は成功の母。間違えないことだけを求めるのは間違っています。

「弱い」リーダーが最強のチームをつくるスキル 16

↓「より少ない時間で、より少ないことをして成果を出す」のが時間管理の根本
↓「この仕事をしないと困る?」「この仕事の目的は何?」でスクリーニングをする
↓捨てるべきかどうか迷った仕事は捨てて、捨てて困ったら元に戻す

100分の会議を10分にする驚異の段取り&進行術

手帳のスケジュールを開くと、「みっしり会議で埋まっている。あ〜あ」という状況はよくあります。会議も「この会議、止めたら何か困る?」という視点を持ち、不要な会議はバサバサ捨てましょう。そのうえで残った会議を実りある会議にするため、5つの段取りと7つの進行のコツを教えましょう。

会議前の5つの段取り

会議を始める前のいわば「段取り」です。会議の段取りのルールは次の5つです。

①1週間前までに議案と資料を確定して担当者へ提出する
②事務局は報告事項と決議事項と討議事項に分けて、招集通知と資料を関係者へ配布する
③当日までに全員が資料に目を通しておく
④資料の中身で不明な点は、前もって質問して各々で不明な点を解決する
⑤自分の意見はまとめておく

会議進行7つのコツ

次は実際に始まったときの7つの進行のコツです。

①時間通りはじめる

決めた時間に始めて、決めた時間にきっちり終わらせること。「長引く可能性もある

から」と時間を決めずに始めてしまうと、ダラダラした会議になります。人は締め切りを設けると、その時間に間に合うよう逆算して動きます。遅れてくる人がいても構わず始めましょう。一人を待つことで他のメンバーの時間を奪うことは、非効率です。

②意見を引き出す

会議とは話し合いの場。意見を戦わせ、すり寄せるためにあります。意見を言わないのであれば、資料に目を通せばすむ話。**参加者がまったく発言をしないこと、リーダーがそれを許すこと、この2つが会議で一番無責任な行為です。**

ただし、「わかりません」で終わらせず、参加者から意見を引き出せるかどうかは、リーダーの力量にかかっています。発言しない参加者に対して腹を立てる前に、「自分は引き出す努力をしたか」自問しましょう。

③結論から先に言う

発表の際、「この資料の結論は○○です。理由は・・・」と言わせます。こうすると、発言者も言いたいことを整理でき、聞き手もポイントを押さえて聞くことができます。論文の典型的な構成に「結論→本論→再結論」がありますが、最初に結論を言わせることは、伝え方の基本です。

④リーダーの独演会はＮＧ

業績が悪いチームほど、リーダーが一人でよくしゃべるもの。「わかってもらおう」という気持ちが強い人がやりがちです。リーダーは、自分の思いや考えをわかってもらう前に、メンバーのことを理解するのが基本です。

⑤「ちゃぶ台返し」をしない

「そうは言ってもさあ」、「そうじゃなくてさあ」というリーダーの発言は会議では禁句。リーダーがそれを言うと、「なんだ、せっかく意見を言っても、結局はリーダーの言う通りじゃないか」と思われてしまいます。会議の目的は、自分の主張を通すことではなく、参加者の意見をすり合わせ、問題解決のためによりよい結論を導きだすことです。

リーダーが自分の主張を通すのは「どうしても譲れない」部分だけにしましょう。それ以外、メンバーの意見を取り入れることを優先するべきです。普段、メンバーを尊重することで、いざというときの自分の意見が通りやすくなります。これは身も蓋もない意見になりますが、**自分の意見とメンバーの意見、どちらを採用しても、結果に大差ないもの。**「どちらでもいいこと」にエネルギーを使ってはいけません。

⑥議事録を取る

議事録を作ることも会議には欠かせません。議事録（結論だけまとめたもの）と議事録メモ（発言者と発言内容を記載したもの）に分けて保存しましょう。

⑦未完了タスクをつける

議事録の最後には必ず「未完了タスク」の欄を設けましょう。未完了タスクが完了したら、その日の日付を入れて残すようにします。そうすれば、「どんなタスクがいつ終わって」「どんなタスクが残っている」のかをすぐに確認できます。

この未完了タスクには2種類あります。会議で決議途中の「持ち越し議題」と決議されたものの実行に至ってない「未実行議題」です。

・「持ち越し議題」の役割

「持ち越し議題」の未完了タスクは、2回目以降の会議がスタートするときに振り返りとして活用できます。マラソンでいうなら、前回中断した位置からきっちりスタートして、今まで走った距離と残りの距離がわかっている状態です。

・「未実行議題」の役割

「未実行議題」の未完了タスクは「実行」の可視化です。せっかく会議で議決された案も、実行しないのであれば絵に描いた餅です。人間なので「時間に余裕ができたら」と先伸ばしにしていては、たち消えることになります。

しかし、**プランしたものを実行しないのであれば、会議全体が無駄**。タスクの実行は、会議でリーダーに残された最後の仕事です。

企業の実行力は一説によると10%だそうです。10個決めても、行動に移せるのはたった1つ。つまり、10個決めたら2個やるだけで、それは十分な差別化になります。もし10個を実行に移せたらそれだけで10倍の効率化達成です。

商品やサービスの差別化を図るのも大切ですが、決めたことを確実に実行することも同じくらい大切です。

「弱い」リーダーが最強のチームをつくるスキル 17

↓5つの段取りと7つのルールで会議の効率化を推進する

朝礼で1年2万個の改善提案を出させる裏技

2つのポイント

時間効率を上げるため、日々の改善を怠ってはいけません。しかし、「日々の改善」とは具体的にどう行えばよいのでしょうか。私がおすすめするのは、「一言朝礼（終礼）」です。一言朝礼のポイントは2つです。

①「よかったこと」「悪かったこと」を1つずつ挙げる

前日の自分以外の人、こと、組織、会社に対して、「よかったこと」を一つ、「よくなかったこと」を一つ話してもらいます。悪かったことについては「どうやったらよくなるか」という提案も添えて発表させます。時間は一人一分程度で構いません。

②「特にありません」はナシ

会議のルールと同様、これを許してはいけません。右にならえで、どんどん意見を言わない人が出てきます。何も言わないことは思考停止と同じ。「どんなにくだらなくてもよい」とハードルを下げたうえで、意見は必ず言わせるようにしましょう。

期待される6つの効果

一言朝礼により期待される効果は6つあります。

①「場」の提供により風通しがよくなる

発言の「場」が提供されるようになり、タテヨコの風通しがよくなります。性格が内向的だったり消極的だったり、発言しない人はどんなチームにもいますが、**「発言しない人＝考えていない人」ではありません。**一歩引いている人のほうが全体を観察しており、よい意見を持っている場合もあります。発言の「場」を与えることで、全員の考えを引き出しましょう。

②モチベーションアップ

「○○さんがこういう対応をお客さまにしていて、すばらしいと思いました」と褒められて嬉しくない人はいません。今まではスルーされていた「よかったこと」が皆の前で承認され、拍手を受けるようになると、やる気を持って仕事にあたるようになります。「よかったこと」は些細なことでも十分です。むしろ些細なことであればあるほど「えっ、そんなところまで見ていてくれたの」と本人のやる気につながります。

③情報共有による改善

成功事例、失敗事例の知識が共有されることで改善が加速されます。ここでお話ししたいのが、星野リゾートのミス報告のシステムです。同社には、ミスが起こるとその具体例が瞬時に全スタッフのメールに配信される仕組みがあります。これにより、スタッフのミスの回数は10分1に激減したとのこと。ミスをした本人に罰則はなく、報告したスタッフを賞賛するのがルールで、「ミスを憎んで、人を憎まず」という標語があるそうです。

④チームのPDCAサイクルが回り出す

改善提案も義務づけられているため、チームのPDCAサイクルが回り始めます。

⑤他人に関心を寄せるようになる

話の対象が「自分」ではなく「自分以外」の人・コト・組織・会社という条件がミソです。自分以外のことを話さなければいけないので他人、チーム、会社に対して関心を寄せるようになり、チームに一体感が生まれます。

⑥無限に増える改善提案

たとえば10の店舗を持つある会社が毎日、一言朝礼を行うようになったとします。1店舗10人だとしたら、毎日100の改善提案が出てくるわけです。稼働200日だとしたら、一年で2万個の改善提案が出てきます。

2万個も出れば、一個くらいは組織をひっくり返すような提案が出ても不思議ではありません。各店舗で導入効果のあった提案を、他の店舗に横展開すれば、会社全体の業績も上がっていくはずです。

仕事の細部に神は宿る

以前、私はレストランで、ウエイターに頼んだ注文が通っていないことがありました。たまにあることですし、些細なミスです。おそらく、このミスはウエイター一人の胸の内におさまって、議題に上がることはないでしょう。

しかし、ここで「一言朝礼」があったらどうなるでしょうか。ウエイターはこの問題を報告するかもしれません。そして一度議題に上がれば、改善も可能です。お客の数に対して、ウエイターの数が足りていなかったら、雇用改善を検討すべきでしょう。ウエイターは注文を通したのに、厨房が忘れてしまっていたなら、連絡手段の改善を検討すべきでしょう。

多くのミスは些細なことです。ただ、**些細なことの積み重ねで仕事はできています**。仕事の神は細部に宿る。小さなミスでも、それが永遠に改善されないのであれば、大問題。小さなミスでも改善につながるなら、それは大きな進歩です。

「弱い」リーダーが最強のチームをつくるスキル 18

↓「一言朝礼（終礼）」で振り返りと情報共有の仕組みを作る
↓仕事の神は細部に宿る。些細なミスも看過せず、改善していく

メンバーのやる気を飛躍的に高めるたった一つの方法

思い通りにいかないのが仕事

仕事は、思い通りに行かないことの連続です。そこから逃げずに立ち向かうためにも、モチベーションを高めることが必要です。

困難の難易度が高ければ高いほど、強力な馬力のあるモチベーションエンジンが必要になります。車でも急坂になるほど馬力のあるエンジンが必要になりますよね。それと一緒で、難しい仕事であるほど、その人のモチベーションエンジンもより強く、より多くなる必要があります。小さいエンジンがひとつだけでは、困難を乗り越えられません。

メンバーからは様々な要望が上がってきますが、基本的には前向きに検討してあげることが大切。「1章」でも話しましたが、メンバーの一人から「ノマドワーカーのように、あちこちのカフェや喫茶店を行き来しながら働いた方が、仕事がしやすい」と要望がありあました。もしかしたら彼は、許可されるはずはないと思いつつ言ったかもしれませんが、私は許可しました。モチベーションが上がって、それが生産性につながるなら、チームとして何も問題はないからです。

「人間は仕事を楽しむ性質を持つ」を立証したY理論

マサチューセッツ工科大学教授のダグラス・マグレガーという方が提唱した「Y理論」をご存知でしょうか? 「基本的に人間は仕事を楽しむ性質を持ち、報酬や罰則などの外的動機づけがなくても、承認や自己実現などの内的欲求によって自発的に働き、しかるべき責任を取ろうとする存在である」というものです。わかりやすく言えば、「人間は仕事嫌いなのではなく、管理者次第で積極的に仕事に取り組んで創意工夫をこらし、組織の目的に積極的に貢献することができる」ということ。

私は、このY理論は正しいと実感できます。メンバーが何をモチベーションとして、仕事を頑張っているか把握できれば、あとはエンジンをかけてあげるだけです。

「あいつにだけは負けたくない」という「負けず嫌いエンジン」
「これをやり遂げたら自分へのご褒美に○○を買おう」という「購買エンジン」
「社会の役に立ちたい」という「貢献エンジン」
「早く昇進したい」「給料あげたい」などの「向上心エンジン」
「家族の幸せな顔がみたい」という「幸福追求エンジン」
「これをなしとげたら自由が手に入る」という「自由追及エンジン」

思い浮かぶものをざっと列記してみましたが、メンバーは自分が何のためなら一生懸命になれるのか自覚すれば、自ら積極的に働いてくれます。

ここで注意があります。**一番やってはいけないのが、「これをやれば、こいつもやる気を出すだろ」と勝手に自分のモノサシで、相手のエンジンを決めつけることです。**「幸福追求エンジン」を持っている人に、「給料を上げれば文句ないだろ」と昇給させたところで、逆効果です。

車を手で押そうとしても、車は動きません。エンジンをかけてはじめて車は動きます。それは人も同じこと。リーダーはメンバーを無理やり動かすのではなく、自ら走り出してくれるようエンジンを探り当てましょう。

「弱い」リーダーが最強のチームをつくるスキル 19

➡困難な仕事ほど、複数の強力なエンジンが必要になる

➡メンバーのモチベーションエンジンを探りあて、自発的に働くようにする

➡自分のモノサシで相手のエンジンを決めつけない

トラブルを報告したメンバーに「お礼」を言え

メール履歴を残す3つの目的

「あれ、俺言ったよね？」

「えー、言われましたっけ？」

トラブル対応で食い違いが起きたとき、リーダーとメンバーでよく交わされる会話です。この些細なセリフがきっかけで関係がギクシャクすることもあるでしょう。しかし結局、**「言った」「言わない」は喧嘩両成敗**。お互いにどれだけ確信があっても、自分の主張を押し通すことは慎みましょう。

こういった食い違いを防ぐにはどうしたらよいでしょうか。

私は、打ち合わせやミーティングをしているとき、箇条書きやメモでもいいから必ず議事録をとってもらい、すぐメールで送ってもらうようにしています。メールは送信履歴に残り、あとで確認を取れるからです。目的は以下の3つです。

①「合意形成」を図る

私が伝えたことと本人の理解が一致しているか、確認します。

②メンバー及び仕事を守る

ここで不一致が見られるようなら、修正します。「合意形成」ができれば、メンバーに自分の意図と違う行動を取られることも減ります。それはメンバー及び仕事を守ることにつながります。

③トラブルの再発防止

それでもトラブルが起きた場合、「どこで食い違いが起きたか」と履歴をたどることで再発防止につながります。ここで、原因が明らかにメンバーのミスであっても「ほら、やっぱり俺は言ってたじゃないか」などと言ってはいけません。

履歴を残すのは、食い違いをなくし、トラブルを未然に防ぐこと、またはその再発防止のためです。**責めの道具に使うのではなく、お互いにイヤな思いをしないよう建設的に使いましょう。**

未来の「解決」にフォーカスする

日本の企業と外資系企業の両方を経験した知人によると、トラブルが起きたとき、日本と外資で対応がまったく異なっていたことに驚いたそうです。日本のリーダーがよく口にしたのは次のようなセリフです。

「誰がやったんだ？」
「なんでこんなことが起きたんだ？」

つまり、過去の「問題」にフォーカスしています。

ところが外資系企業で同じようなトラブルが起きたときには、こんな言葉が飛び交ったとのこと。

「それはどうやれば解決できるんだ？」
「誰がなにをすれば解決できるんだ？」

これは、未来の「解決」にフォーカスしています。どちらがトラブル解消につながるかは言うまでもありません。

原因究明は最後

トラブルを疎ましく思うのはわかりますが、その対応でリーダーの真価が問われます。まずは解決にフォーカスし、「言った」「言わない」の原因究明はあと。

過去の原因にこだわって解決の時間を浪費することほど、お粗末なトラブル対応はありません。問題解決はスピード勝負です。

トラブルを報告してくれたメンバーには「言ったよね」ではなく「報告ありがとう」と言いましょう。

そして、**後ろ向きになるのではなく、勇気を振り絞って前を向く**。それがトラブルを解決する最短経路になります。

「弱い」リーダーが最強のチームをつくるスキル20

↓情報履歴はトラブルの再発防止のためにのみ使用する

↓過去の問題ではなく未来の解決にフォーカスする

直接的ヘルプは子の宿題を親がやるようなもの

メンバーの矢面に立つな

メンバーの行いが原因でトラブルが起こったとき、リーダーはどの位置に立つべきでしょうか。最前線で戦うのか、後方支援に回るのか、悩みどころです。「メンバーに責任を押し付け、トンズラ」というのは問題外ですが、リーダーは自分が矢面に立ってメンバーのトラブルを解決してはいけません。

リーダーが率先して問題を解決する動機は主に2つです。ひとつめは「さすがですね。すごいですね」と言われたい功名心、もうひとつは「自分が解決したほうが早い」という手間の問題です。

なぜなら、トラブルや問題というものは、その人が成長する上で与えられた人生の宿題だからです。**その宿題をリーダーが解決してしまうのは、子どもの宿題を親が代わりにやってしまうのと一緒。**大切な成長のチャンスを奪ってしまいます。

自分で解決することをこらえる

勘違いしないでほしいことがあります。**「リーダーが解決する」という直接的なヘルプはダメですが、間接的にサポートしてあげることは必要だということ。**助けないけれど、メンバーがその問題を解決していくための支援はすべきです。

サポート役としてリーダーの同行が必要ならば同行しましょう。アドバイスが必要なのであればアドバイスをしましょう。主体があくまでメンバーであれば、メンバーの成長を奪うことにはなりません。

「またひとつ成長するチャンスと巡り会えたね。とりあえず、自分でできるところまでやってごらん。困ったことがあればフォローするから」

メンバーが何か問題に直面したら、こう言って、まずは本人に解決させるようにしましょう。

「弱い」リーダーが最強のチームをつくるスキル21

➜トラブルは、リーダーが率先して問題を解決するのではなく、メンバーが解決できるよう背後からサポートする

第4章

【超目標達成術】
リーダーよ、（大ざっぱでも）ビジョンを抱け

目標設定を

三流のリーダーは、**軽視**し

二流のリーダーは、**仮決め**し

一流のリーダーは、**言語化**する

目標・期日のない仕事は「だらだら歩きの散歩」と一緒

目標は無意識に「仮決め」している

チームは、目標達成のために存在しています。リーダーはチームを目標地点にたどり着かせることが仕事になりますが、まずやるべきことは2つです。

①計画表をつくる

プラモデルでもビルでも、完成させるには設計図が必要です。それと同じことで、目標を立てたなら、そこにたどり着くまでの設計図、つまり計画表を書かせることが重要です。

②「コト」と「コト」で考える

目標達成をできないリーダーは「コト」と「ヒト」を安易につなげます。目標（コト）と自分（ヒト）をそのまま結び、「売り上げ前年比120％なんて俺には無理だよー」などと嘆きます。

できるリーダーは、目標のために「するべきコト」を考えます。「するべきコト」でも「できるコト」と「できないコト」に分け、前者は納期を決めて実行、後者も外部に委託することで解決していきます。できるリーダーは「コト」に「コト」で考えていくのが特徴です。

目標達成の話をしたとき、ある若者から「私は計画を立てるのが苦手なんです。それ以前になぜ目標がないといけないのでしょうか」と言われました。私も若いころに同じような質問をしたことがあるので、気持ちはわかります。**当時は「目標なんてころころ変わっていくものなのだから、立てる意味があるのかな?」と疑問を感じていました。**

若いころは、あまり論理的に物事を学んでいませんでしたし、感性に従って目の前のやるべきことを一つ一つやっていただけでした。とはいえ振り返ってみると、その都度その都度、**目の前の問題に応じて目標を「仮決め」していたことに気づきました。**

風呂ありのマンションが「主任」の糸口

若いころの私が、無意識に立てた最初の目標は、「風呂のあるマンションに引っ越すこと」でした。「風呂なしは不便。風呂があるマンションに住みたいなあ」と漠然と思っていただけですが、いま思うとそれが目標でした。

私の住んでいた風呂なしアパートは家賃3万8000円。風呂のついた物件を探したら、家賃は6万円程度だとわかりました。つまり、風呂ありの部屋に住むためには、給料を約2万円あげなければいけません。では、「給料を2万円上げるためにはどうしたらいいか?」と思考を発展させました。

当時、私の会社は一般社員から主任に上がると、2万円の役職手当がついていました。主任になれば風呂ありのマンションに住めるわけです。そして主任になるためには、「毎月450万の売り上げを3か月連続で達成しなければならない」ことがわかりました。

「じゃあ、450万の売り上げを3か月連続で出すためには、日々どういう仕事をすればよいのか。自分には何が足りていないのか」と逆算して「今、すべきこと」を割り出しました。そして見事、ノルマ達成→主任→給料2万アップ→風呂ありマンションを果たしました。

このように、どんな人でも未来の目標があり、それを起点に現在の行動を決めています。それが意識的であるか、無意識であるかの違いだけです。

「書く」ことで不明確なことを明確にする

「無意識にやっているならなおさら、目標・計画設定などしなくてよいではないか」と思うかもしれませんが、それは違います。書くという行為は、不明確なことを明確にしてくれます。明確な目標を持てば、明確な計画表を書けます。そして、明確な計画表があれば、現在自分がやるべきことも明確になります。

目標設定のポイントは、期日を設けること。「自分はいつも締切りギリギリの納入になる」という人は多いでしょう。それでも、大抵間に合うのは、期日があるからです。**期日があると、人はそこから逆算して、「早歩き」で仕事をこなそうとします。**

一方、あいまいな目標は、あいまいな思考、あいまいな結果しかもたらしません。たとえば、「ブレスト」と称して目標や期日を設けずただ会議を開いても、企画やプロジェクトは走り出しません。目標や期日のない仕事は、「だらだら歩き」の散歩と一緒。迷い、立ち止まることばかりで、決定・前進することができません。

リーダーでも目標・計画設定をすることが苦手な人は多いでしょう。そんな人は難しく考えず、**おおざっぱでよいから、とりあえずの目標及び期日を設定しましょう**。計画が進むうちに問題点が浮かび上がったら、その都度、修正していけばよいだけです。コツは、はじめから完璧な目標・計画設定をしようとせず、気楽にスタートさせること。荒削りであっても、何も立てないよりははるかにマシです。

「弱い」リーダーが最強のチームをつくるスキル 22

↓未来の目標から現在とるべき行動を逆算する
↓目標は言語化して明確にする。明確な計画表を立てると、現在するべきことも明確になる

目標は「限界」の少し先に設定せよ

目標を立てたあとは、達成に向けて動くだけです。ここでは、目標達成の3つのコツについて書きます。

①限界マネジメント

これは、「メンバーが限界だと思っている少しその先までチャレンジさせること」です。目標はその人が背伸びをして届くか、届かないかというぎりぎりの範囲で設定しましょう。手を抜いても達成できる目標では、工夫が生まれません。反対にどう工夫しても達成できない高すぎる目標は、挫折させるだけです。

人はとかく、「自分の能力はこんなものだろう」「これ以上やったらオーバーワークだ」と「限界」バーを設けてしまいがちです。そして、楽なほう楽なほうに逃げますが、多くの場合、それは「思い込み」でしかありません。その人の**本当の限界は「限界」バーの少し先にあることがほとんどです。**

②結果目標ではなく、行動目標をサポートする

目標には「結果目標」と「行動目標」があります。営業の仕事で例を挙げると「今月は営業成績で1位を取る」というのが「結果目標」、「今月は1日50件の営業電話をかける」というのが行動目標です。

重要なのは、結果目標は不確定要素が多く、自分のコントロールの及びにくいこと。対して、行動目標はその人の意志次第であり、コントロール下にあることです。リーダーは結果を管理できなくても、メンバーの適切な行動目標をサポートすることは可

能です。

③細分化「目標達成」法

目標設定は高いからよい、低いから悪いというものではありません。重要なのは、その**目標に対して現実的な行動目標を立てられるかどうか、夢物語になってないかどうかです。**適切な行動目標を設定させるため、目標は細分化してあげましょう。

たとえば、営業ノルマが売り上げ1000万円の会社があったとしましょう。入ったばかりの新人に1000万円を目標にして「頑張れ」では、その新人は行動目標すらたてられないでしょう。

ここで、目標の細分化です。「1000万達成プロジェクト」を立ち上げて、「1か月後までにいくら、2ヶ月後までにいくら、3か月後までにいくら」と段階的に達成できるようにしましょう。新人も現実的な行動目標を立てられ、結果を出しやすくなります。

結果を出すための3つの基本と6つのポイント

結果を出すためにやるべき基本は3つです。

ア　ビジョンの実現に向けて正しい目標を選ぶ
イ　目標達成をするために正しい行動を選ぶ
ウ　選んだ行動を正しく続ける

この3つに対して次の6つでチェックし続けていけば、結果は必ず伴ってきます。

アに対しては

1　【方向】正しい方向に向かっているか、ゴール設定は間違っていないか

イに対しては

2　【方法】その行動にたどりつくための方法・手順は間違っていないか

3　【量】行動の量は適正か

ウに対しては

4　【時間】今の時間の使い方に問題はないか

5　【習慣】悪しき習慣はないか、もっと正しい習慣はないか

6　【コミュニケーション】コミュニケーションの取り方・取る相手に問題はないか

がチェックポイントになります。

行動トレンドに即したアドバイスを

メンバーには行動トレンドがあるので、トレンドに応じた適切なアドバイスをしましょう。業務日報を見ていれば、行動と結果のクセに気づくはずです。

「Aさんは行動すると決めたことの2割くらいしか実行できない」

「Bさんは行動すると決めたことは完璧に実行しているのに、結果がでない」
「Cさんは結果を出しているのに、実際の行動が予定と随分違う」

などメンバーによってトレンドは異なります。重要なことは、**トレンドが変わるとリーダーのアドバイスも変わることです。**

たとえば、Aさんの場合だったら「行動力が足りないんじゃないか」「結果を出すための行動が選べていないんじゃないか」「取り組む姿勢やモチベーションに問題があるんじゃないか」といった指導の仮説が出てきます。

Bさんの場合、目標に対して「やるべき行動」の設定が間違っているのでしょう。Bさんとは「いかにやるべき行動を設定するか」という点にフォーカスして話をするべきです。どんな考えで、どんな行動が必要だと思っているかについて話し合い、ベストの行動目標を一緒に考えましょう。

Cさんの場合、「なぜ、そのような行動をとったのか」を聞いてみます。このタイプは、予期せぬ問題が起こったときは臨機応変に対応できるタイプかもしれません。しかし、いい加減に行動予定を決め、いざ仕事をするときに初めて真剣に考えるというなら、計画の重要性を教える必要があります。いまはよくても、その見通しの甘さで痛い目にあうことがいずれ起こるからです。

目標達成できないメンバーをただ叱り飛ばすリーダーは、下の下です。**メンバーの目標達成が、リーダーの目標。**目標達成できないメンバーがいたとしたら、まず自分の指導法を見つめなおしましょう。

「弱い」リーダーが最強のチームをつくるスキル 23

↓メンバーの目標達成こそ己の目標達成とする

↓業務日報から行動トレンドを割り出し、その人に適切な指導を行う

迷いがちなリーダーに送る たった一つの判断基準

メンバーの意見を吸い上げるとき、複数の意見が対立する状況も当然あるでしょう。数ある意見の中から一つを選ぶ場合、リーダーはなにをよりどころにすればいいのでしょうか？　この問いに対する私の答えは一つです。

「自分たちが目指している目標達成に必要か、必要でないか？」

判断基準はこれだけ。目標が明確だと、判断も悩まなくてすみます。間違っても、

「このメンバーは、いつも自分の味方をしてくれる」「このメンバーは、いつも逆らっている」といった主観で判断してはいけません。

「好き」「嫌い」、「やりたい」「やりたくない」ではなく、目標達成から逆算的に判断しましょう。

どうでもいいことはジャッジしない

リーダーは目標を達成するためであれば、メンバーがどんな価値観を持っていようが、そこに入り込んでいくべきです。逆にいうと**目標達成に関係ないことは、放っておけばいいし、関わるべきではありません。**

たとえば、かつて私の友人が、こんなエピソードを語りました。友人がメンバーに「温かいコーヒーを持ってきて」と頼んだところ、新卒の彼は温かい缶コーヒーを持ってきたそうです。友人は「呆れたし、頭にきた」とのこと。彼の常識からすると、「そういうときはマグカップにコーヒーを入れてもって来るべき」だそうです。

「それはおかしいんじゃないか？」と私は反論しました。そこには、二つの問題があると感じたからです。

まず一つは、友人の抽象的な指示です。誤解されたくないなら「自分がどんなコーヒーを飲みたいか」を、具体的に頼むべきでしょう。

重要なのは、もうひとつの問題です。マグカップであろうが缶であろうが、それは仕事の目標達成をする上で、なんの影響もありません。新人の役割は、理想通りのコーヒーを持ってくることではなく、新人としての目標達成です。「缶かマグカップか」なんてことはどっちでもいいこと。

「常識」だとか「非常識」だとか、そんな主観的なものでリーダーはジャッジしてはいけません。リーダーの判断基準はたった一つ、「目標達成に必要か、必要でないか」

それだけです。

「弱い」リーダーが最強のチームをつくるスキル 24

➡仕事の判断は主観ではなく「目標達成に必要か、必要でないか」で行う
➡目標達成にかかわらないメンバーの行動をジャッジしない

世界一シンプルな ビジョン・目的・目標の違い

ビジョン、目的、目標の違い

「会社にはビジョンが必要だ」とよく言われますが、ビジョンというのは一体何を指すのでしょうか?

ビジョンというのは「こうありたい」「こっちの方向に進みたい」という未来に対して抱く理想像。目標とは、ビジョンの実現に向けて「いつまでに、何を、どうする」

という具体的な期日と手法を指し、マイルストーン（ゴールまでの距離を測るための目印）として置くもの。目的とは「何のために、なぜやるのか」という行動理由を指し、目標の裏側に常に存在しているものです。

たとえば、あなたが子持ちのチームリーダーであるとして、「子どもに十分な教育環境を与えたい」と思ったとしましょう。

しかし、生活収支を計算したら、子どもが高校を卒業するまでに、今の給料では「大学進学に十分な貯金」を貯められないとわかりました。「4万円給料が上がれば、大学費用が貯められる」と判断したあなたは、課長手当が4万円増なので「課長になる」ことを目指しました。社内規定で「チームの月間売上2000万円を6ヶ月連続で達成して、テスト、小論文、面接をクリアしたら課長になれる」ことを知ったあなたは、まずは「チームの月間売上2000万円」の達成法を真剣に考え始めました。

この場合、ビジョン、目的、目標を図式化すると次のようになります。

図6　ビジョン、目的、目標の具体例

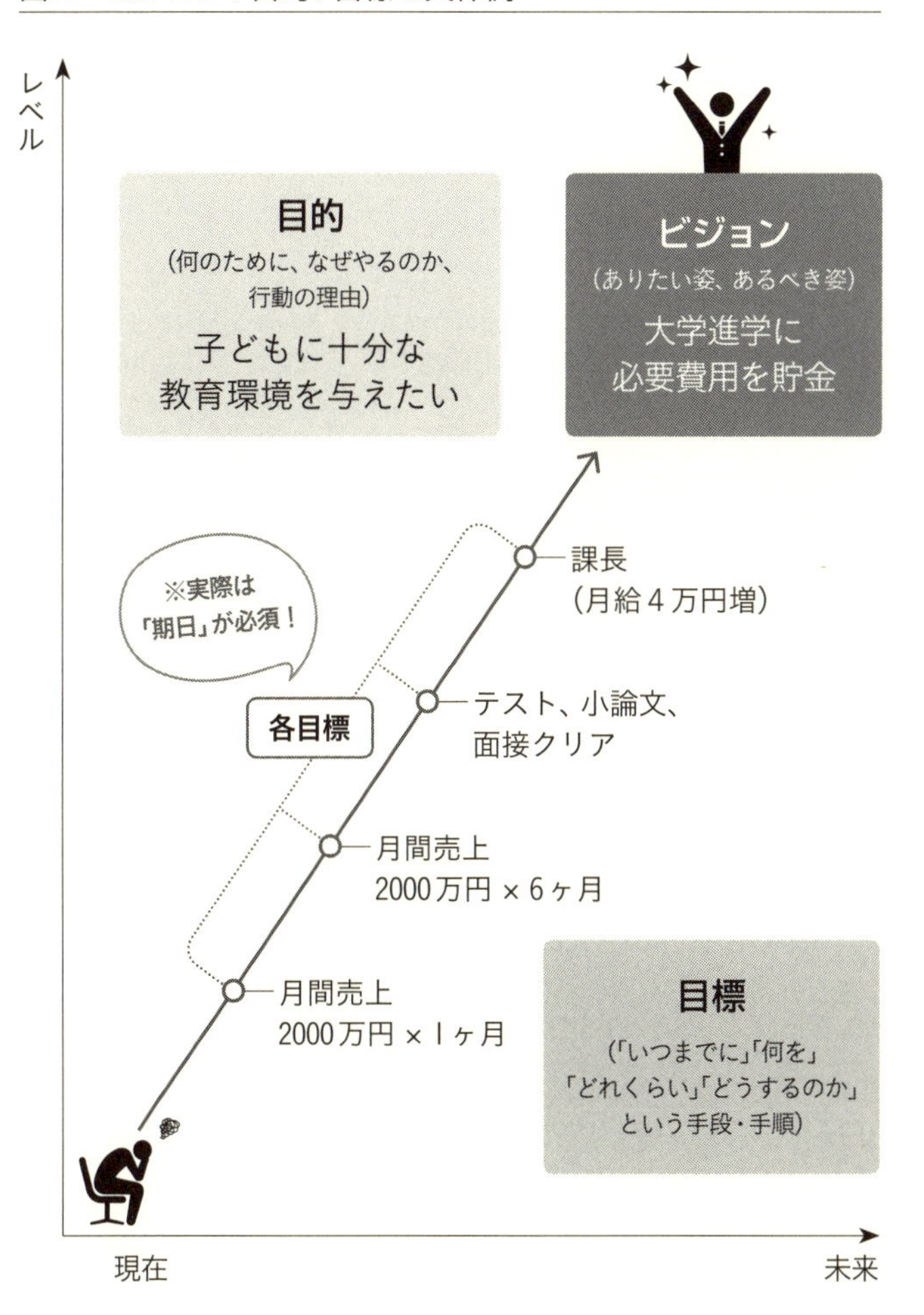

目的なき目標は存在しません。目的とは文字通り「的」を表します。

ダーツでいうなら的があるからこそ、50点、30点、10点といった「標」が存在できます。

「今年は前年比で120％達成だ」「今月は契約50件だ」と目標だけでメンバーを動かそうとしても、「笛吹けど踊らず」になるのは、その目的を伝えていないからです。

「何のために、なぜやるのか」という目的がないと、人は主体的に動い

図7　的（目的）があるから標（目標）は存在できる

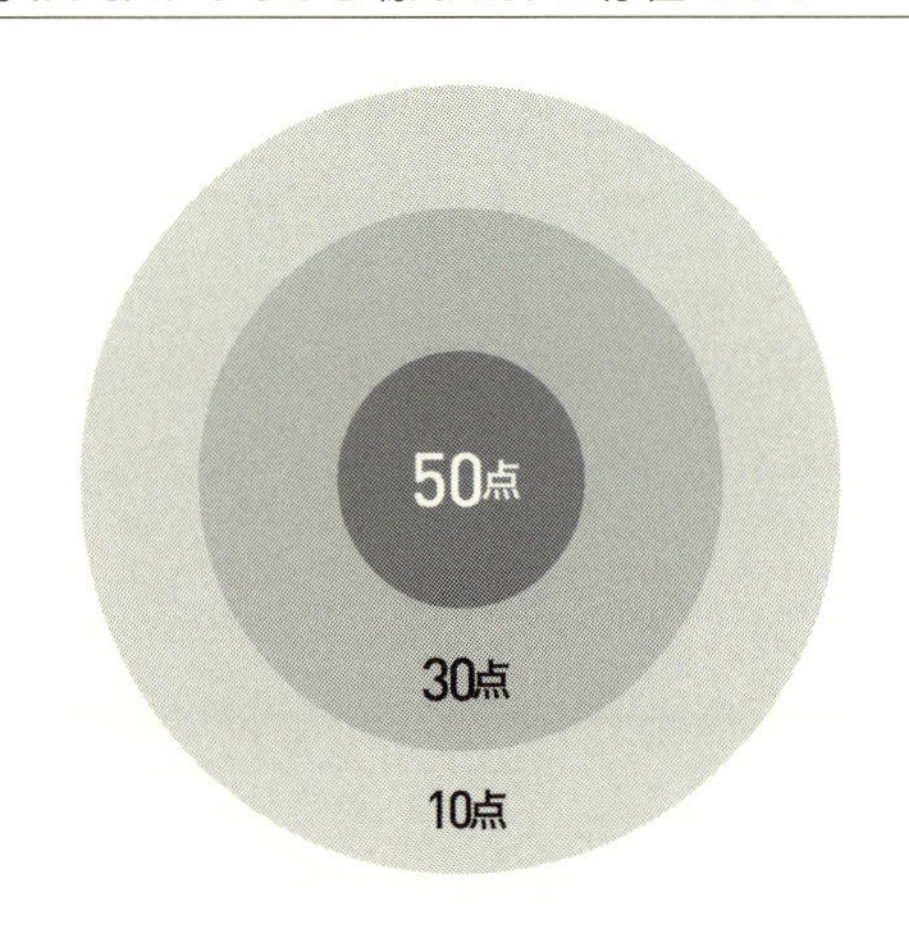

てくれません。それも、「他人事」の目的や「会社」の目的ではなく、その目標設定に当事者意識を持てる、「自分事」と思える目的が必要になります。

上に立つ人ほどビジョンは見えやすい

大切なことは、リーダーはビジョンを伝えるべきポジションにいるということです。たとえば、艦橋で望遠鏡を覗いている船長にはお宝（ビジョン）が見えているかもしれませんが、オールを漕いでいるメンバーには、現場の様子しか見えません（次ページ図）。

これでは、リーダーがサポートしないと、船はまったく別の方向に進む危険性があり、船員のモチベーションも高まらないでしょう。

反対にビジョンを共有できていれば、船が迷子になる心配もなくなり、生産性はグッと高まります。

図8　ビジョンを共有する重要性

リーダーだけがビジョンを見ている状態

チームとビジョンを共有できると生産性は高まる

上に立つ人ほどビジョンは見えやすい

「ビジョンなんて会社のお題目でしょ」と思っているリーダーの方がいたら、すぐ考えを改めてください。**ビジョンは会社、チームの命運を左右する大切な羅針盤です。**

「弱い」リーダーが最強のチームをつくるスキル 25

➡ビジョン、目的、目標を使い分け、チームに方向性を与える

ビジョンなき「仕事」は「作業」に堕(だ)する

「ビジョン」というゴール、方角があってはじめて、自分が持つべき「目標」が定まります。

「外出するときに持っていくものを、目の前の紙に書いてもらえますか？」というゲームを、セミナーで私はよくします。皆さんが書き始めて一分くらい経ったころ、「ごめんなさい。行き先をお伝えするのを忘れていました。行き先は富士山です」と付け加えます。すると皆さん、「えーっ」と戸惑います。どこを目指すかによって、準備するモノ、コト、時間は変わってくるわけです。

ビジョンがあると、目標や計画や「やるべきこと」というのはすべて紐づいてきます。これは「6万円の風呂ありマンションに住む」という未来の目標(P136)があってはじめて、現在「やるべきこと」が定まってくることと非常に似ています。

ビジョンがチームに浸透すると、主に3つの効果が現れます。

①生産性が向上する

会社を船でたとえるなら、お宝(ビジョン)が北にあるとわかっても、南に漕ぐメンバーがいたら船の速度は落ちてしまいます。逆に、船員全員が北に向かって漕ぐことができたら、船は最速でゴールにむかうことができます。

組織とは、「考えの集まり」。共通の考え方をメンバーとの間でできるだけ作り出せるほど、最短でゴールに向かえます。その「共通の考え方」の筆頭がビジョンです。

②自発性が出る

仕事は行き先もわからないまま取り組ませると、もっとも退屈な「作業」に陥りがちです。上から与えられた指示を、意味もわからないままこなすだけになります。

一方、行き先がわかっていると、自分が今何をすべきか考えることができます。リーダーが細かく指示しなくても、自ら準備をして、主体的に課題に取り組みます。

たとえば、出発点も行き先もわからずただ「行ってこい」と外に出されても途方にくれるだけ。しかし「東京から大阪に行ってこい」と言われたら、「時間を優先して飛行機で行くべきか、コストを優先して新幹線で行くべきか」と自分で考えて行動できますよね。

それと同じで、**お宝（ビジョン）を具体的にイメージさせるほど、船員であるチームは主体的に考えはじめます**。「2交代制で進んだほうが早く進む」「オールを改良したほうが効率アップになるのでは？」「1日50㎞が明日に疲れを残さない良いペースだな」と自らアイデアを出し、自発的に仕事に取り組むようになります。

「うちのメンバーは、ほんっとに言われたことしかしない」

「自分で考えることをしない」

こう嘆くリーダーが多いですが、それはあなたがメンバーにビジョンを示せていないからです。「しない」のではなく、あなたのせいで「できない」のです。

「いや、俺はゴールを示せているはずだ。それでもメンバーは自主的に動かないぞ」

と言うリーダーがいたら、原因はあなたが「怖い」からでしょう。何かやるとすぐ怒られる環境にいると、人は自分を守るために言われたことしかやらないようになります。「何かして怒られるくらいなら、何もしないでおこう」と自主性を捨てるのです。

③「混乱期」を乗り越える

アメリカの心理学者タックマンが提唱したチーム成長のモデルをご存じですか。

図のように、集団ははじめお互いよそよそしく、次に対立しあい、この対立期を突破できたら強いチームができるとされる成長理論です。

多くの集団は「混乱期」の壁を乗り越えられないと言われています。それはそうでしょう。誰だって対立するのは怖い。面倒くさい。チームがナアナアになって「仲良し子よし」

図9　多くの組織は「混乱期」を超えられない

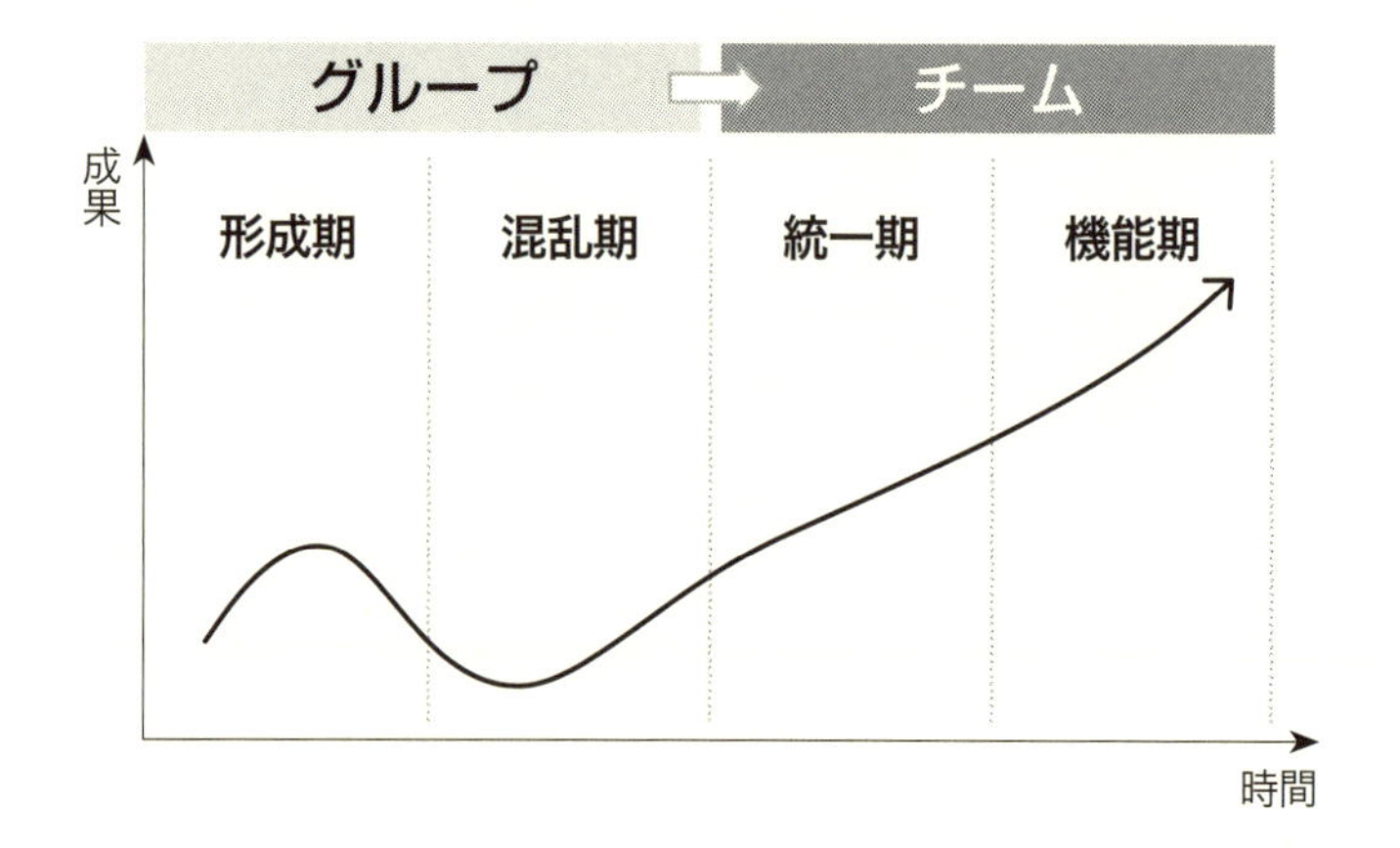

のグループになりがちなのは当然です。

しかし、ビジョンさえ浸透していたら「混乱期」は乗り越えられます。「北に向かう」というビジョンさえ共有できていたら、「どうやって北に向かうか」で対立しても空中分解することはありません。むしろ真剣であることの証拠。譲れなくてケンカするのはフツー。それは統一期、機能期へとステップアップする機会です。「グループ」が「チーム」になるまたとないチャンスなのです。リーダーは喜んでチームの「対立」と向き合いましょう。

「関係性はいいけど、結果を出せない」は危険

一番やってはいけないのは、事なかれ主義で問題に蓋をすることです。**「うちのチーム、関係性はいいんだけど、結果を出せない」と悩むリーダーがいたら、あなたのチームは「対立期」にすら到達できてない**ということ。

単なる「仲良し子よし」の集団で、ビジョンの「ビ」の字も浸透していない可能性が高いです。そういうチームは、海を無目的に漂い、やがて荒波に巻き込まれ沈没することでしょう。

「弱い」リーダーが最強のチームをつくるスキル26

↓ビジョンの重要さを知る
↓チーム内の「対立」を歓迎して、乗り越えるよう努める

「自分事」にさせたビジョンが最強の理由

「会社と自分は違うから」で終わらせない

会社のビジョンがわかったところで、それをメンバーが「自分事」としてとらえるかどうかは、別の話です。

お宝が何で、その方角を船員に伝えたところで、肝心のお宝が船員にとって魅力的なものでなければ効果ありません。目的地に向かうことが船員のメリットやベネフィットにつながらなければ、ビジョンは共有されません。

会社のビジョン、チームのビジョン、個人のビジョンは異なります。会社のビジョンを追及するためにチームのビジョンがあり、チームのビジョンを追及するために個人のビジョンがありますが、これらはイコールではありません。

会社のビジョンをメンバーにむりやり共有させようとしても、「会社と私は違うから」で一蹴されるでしょう。

「落とし込み」の作業

では、どうしたら会社・チーム・個人のビジョンをリンクさせられるのでしょうか。

会社やチームのビジョンを、メンバー個々のビジョンに浸透させるには「落とし込み」の作業が必須です。これはトラブル処理のときと同様、リーダーがサポートはするものの、基本的にはメンバー一人一人が言語化していきます。

まず下図のとおり、真ん中にチームまたは会社のビジョンを描きます。そのビジョンを通して、自分の将来のビジョンを周囲に描き、優先順位をつけていきます。

たとえば、私が営業部長をしていたときのチームビジョンは「全員ワンランクアップ」でした。下図は、そのときのメンバーの「落とし込み」の例です。

図では4つにしていますが、これより少なくても多くても、思いつく限りで構いません。

図10 「チームビジョン→個人ビジョン」落とし込み例

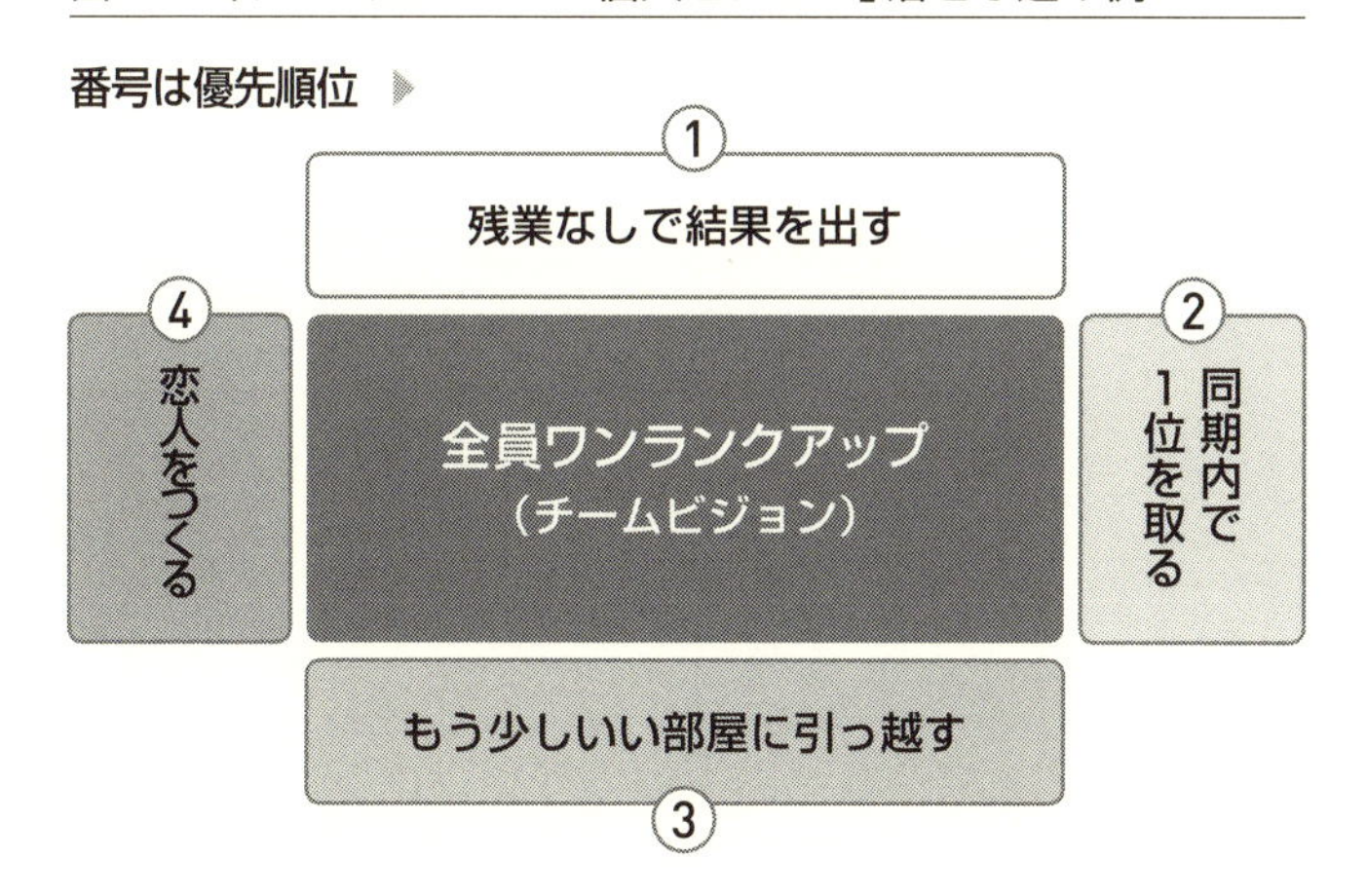

「この仕事の先に何がある?」

P121の例でいうなら、購買エンジンを持つメンバーは、目標達成に貢献できたら「自分の給料が上がる」とやる気を出すかもしれません。自由追及エンジンを持つメンバーは、船の目的地に興味はなくても、「船をこぐスキルを身に着けたら、自分の船を持つことできる」とやる気を出すかもしれません。

メンバーが常に知りたがっていることは、**「この会社(チーム)であなたの言うことを聞き、努力し、結果を出した向こう側に、自分が望んでいる『何か』があるのか」**ということです。

ビジョンのリンクは、メンバーの仕事への「納得感」と深くかかわります。この納得感は、今の若手社員を動かすには欠かせません。

昔は「もっと稼ぎたい」「もっと偉くなりたい」「もっといい家に住みたい」など「誰

もが望む頑張る理由」がありましたが今は違います。価値観の多様化にともない、今まで以上に「働く理由」「頑張る理由」を明確にする必要があります。

極端にいえば、メンバーは「結果」が出ないことに悩んでいるのではなく、「なぜ、結果を出さないといけないのか」という理由づけで悩んでいます。

「今の若者は仕事に興味がない」とよく言われますが、私はそう思いません。昔はこのリンクの作業が簡単で、今は難しくなってきているだけでしょう。**いったんうまくリンクさせることができたら、今の若者だって水を得た魚のように仕事に取り組みます。**

「弱い」リーダーが最強のチームをつくるスキル 27

➔会社・チーム・個人のビジョンをリンクさせ、仕事に「納得感」を与える

メンバーの自主性を引き出す最新のトップダウン理論

旧来式のトップダウン

リーダーになると、「決断」を求められる場面が多くなります。多くの案件が寄せられ、そのたびに迅速な決断が求められます。

「あの人は本当に人の話を聞かないからな」

こういった愚痴は常に現場にあふれています。旧来型のトップダウン、「リーダーが自分だけで決めた事柄を、下に下ろしていくやり方」は限界を迎えている、と私は思います。

新型トップダウン

今は、メンバーの自主性を尊重した新しいトップダウンが求められます。これは、**「下から考えや思いを引き出したうえで、リーダーとしての思いや考えを加え、ベストの決断を下す」という決定法です。**

いわば、ボトムアップ後のトップダウン。松下幸之助さんの言葉に「衆知を結集し、英断を下す」というのがありましたが、これはまさに新型トップダウンを言い表しています。

新型トップダウンをすすめる理由は2つです。

①メンバーのほうが現場を知っている

リーダーが自分の頭のなかだけで考えたことなど、たかが知れています。一方、メンバーは、リーダーより現場の問題点を把握していて、その解決策を知っていることが多々あります。ならば、リーダーとしてその智恵を借りない手はありません。

②メンバーに納得感を与えられる

前項で述べたとおり、今の若手社員は、「組織の中で出世すればよい」と単純に思っていません。会社から納得しがたい命令を下されても「なんか上の人が決めたみたいだな」と手をぬきがちです。「自分事」としてリンクしていないと、今の若手はがむしゃらに頑張りません。

小さなことは自分で決めていく

もちろんすべての決断に対して、ボトムアップをする必要はありません。小さなことや個々のメンバーに関わることは、その場で決断を下すべきです。決断を先延ばしにするほど、チームの進行は滞ります。

しかし、チームの命運を左右する重要な決断を下すときは、必ずメンバーの意見を聞いてください。そうすれば、たとえ自分の意見が採用されなくても、メンバーは納得感を覚えます。そして、**下した決断に対しては、かならず「説明責任」を果たし、従ってもらい、結果に対してはすべて責任を負うのがリーダーです。**

「最悪の決断」とは

なお、今までの話は「決め方」についてですが、それ以前に「決めないこと」はもっとも悪いことだと心得ましょう。問題が起こってメンバー全員が方向性を決めてほしいのに、「まあ、次の集まりで方針を決めましょう」などとヌカすリーダーは仕事をしていないも同然です。

最悪の決断とは、決断しないこと。

このことも頭にたたき込んでください。

「弱い」リーダーが最強のチームをつくるスキル 28

↓重要な決断を下すときは、下から思いや考えを引き出し、そこに自分の考えを加えたうえで、英断を下す

第5章

【超育成術】

「待てる」リーダーはチームの成長を加速させる

メンバーの仕事が遅いとき

三流のリーダーは、**せかし**

二流のリーダーは、**代わり**

一流のリーダーは、**待つ**

上位20%がもたらす
教育の「シャンパンタワー効果」

「全員を育てよう」と思うな

十人十色という言葉があるように、個性は人それぞれ。10人いたら10通りの育て方があります。大切なのは、「10人いたら10人全員を上手に育てられる」と思わないこと。意外に思われるかもしれませんが、リーダーは魔法使いではありません。できることとできないことがあって当然です。

たとえば、あなたが陸上選手のトレーナーだとしたら短距離走者・長距離走者、それぞれの競技に合ったトレーニングメニューを作るはずです。これを一律のメニューにしてしまったら、才能を殺すことになります。競技の特性に合わせた指導こそが、いちばん「公平」な指導です。

私はチームを教育するとき、キーマンを重点的に教育します。**リーダーは、トップ20%の人間を徹底的に教育し、そのトップ20%に残りの8割を教育させる。**この考え方が大切です。上から下に下ろしていかないと、効果が出づらいのが教育。シャンパンタワーは、一番上のグラ

図11　リーダーは上位20%のメンバーを徹底的に教育する

スに注げば、2段目のグラスに流れ、2段目が3段目、3段目が4段目とすべてのグラスにいきわたります。組織の教育もこうであるべきです。

「公平」な育成が効率的である理由

この「シャンパンタワー」教育が効果的である理由は、基本的に、**下の人間は上の人間を真似る**からです。「子は親の鏡」と言われますが、チームも一緒。あなたの日常の振る舞いが、そのままメンバーの振る舞いになります。

新人にマナー研修を受けさせたとしましょう。その講習で新人が「おはようございます！」「承知しました！」「かしこまりました！」など正しいマナーや挨拶を学んでも、会社の先輩が「はいっす」「おいっす」「ういっす」なら、新人もいずれ「はいっす」「おいっす」「ういっす」になります。どんなに新人が正しい言葉遣いを実践しようとしても、いずれチームのだらしない言葉遣いに染まってしまいます。

ならどうするか？　簡単です。マナー研修をチームのキーマンに受けさせましょう。キーマンが正しい言葉遣いをしていたら、下も必ず影響を受け、正しい言葉遣いになります。

リーダーが変わると、チームも一変する一番の理由はここです。**チームの教育とは「底上げ」ではなくて「屋根上げ」であるべきです。**

「区別」と「差別」は違う

そうは言っても、チーム内の誰かを重点的に教育することは実に勇気のいること。学校で分け隔てなく教育されてきた我々は、どうしても「平等」であることを意識します。「差別ではないのか？」と言われることもあるでしょう。

しかし、それはまったくの見当違い。私は「2割だけ教育できていればいい」と言っているのではなく、「2割の人間を通して、残り8割を教育させよ」と言っています。

これは「区別」であって、「差別」ではありません。

リーダーは批判を恐れず、トップ20%を教育するようにしましょう。

「弱い」リーダーが最強のチームをつくるスキル 29

➡人材育成は「底上げ」ではなく「屋根上げ」から入る

科学的に正しい最強の2大育成法

育成の仕組みは「上から下に」が基本ですが、具体的にどう育成すればよいのでしょうか？　ここでは、有効な指導法を2つご紹介します。

①細分化反復法

「細かく仕事を区切り、区切った仕事を覚えるまで反復させ、覚えたら次の区切った仕事に移らせる」教育法です。4章で、「細分化『目標達成』法」を紹介しましたが、それと似ています。

たとえば、ある仕事を細分化して、10のタスクになったとします。このとき、一気に10教えても、全部覚えられる人はほとんどいません。はじめはざっくり10の全体像を教え、次に10の仕事の1だけ教えて「まずは、これを繰り返して、覚えたら次の仕事に移ろう」と教えたほうが効率的です。

この手法のメリットは2つあります。**一つは、作業が細分化されることでタスクがシンプルになること。もう一つは、反復することで記憶が定着しやすいこと**です。

「エビングハウスの忘却曲線」はご存じですか。この理論によると、人は1日で約75%の物事を忘れてしまうとのこと。記憶の定着には「復習」が不可欠です。逆にいうなら、復習さえ繰り返せば、左図のイメージで記憶は定着していきます。

②「プレミスアウトプット」法

次は、セミナーで私が参加者を巻き込むためによくやるゲームです。

参加者同士でまずジャンケンをしてもらい、勝ったほうが負けたほうに1分間自慢話をしてもらいます。このあと「負けた人は、相手の話で褒められる点をできるだけ発表してください」と言うと、たいてい「最初に言ってよー」という反応になります。

大体の人が聞き流しているわけですが、「もし私が前もって発表の場があると伝えていたなら、もっとまじめに聞いていたと思いませんか？」と聞くと、皆が賛同します。

図12　エビングハウスの忘却曲線と復習の関係

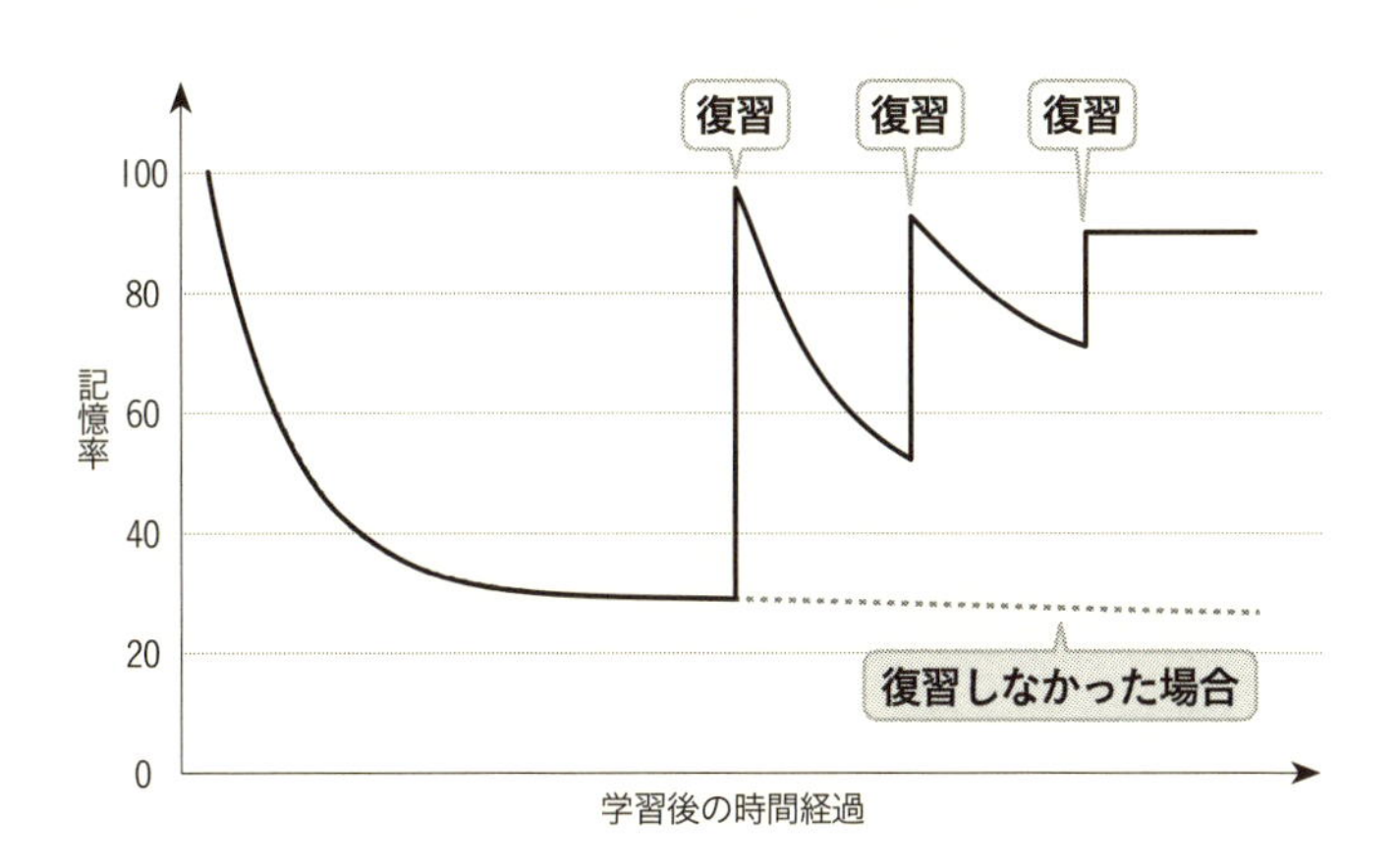

このように、**アウトプットを前提（プレミス）にするとインプットの質は向上します。**

先ほどのマナー研修でいうなら、「学んだことをみんなの前で発表して」と伝えるだけで、受講者のインプットは段違いで変わります。あとでテストがあるかないかで、授業を受ける態度は変わります。アウトプットを前提にすることで、効率よくインプットさせるようにしましょう。

「弱い」リーダーが最強のチームをつくるスキル 30

➡全体を細分化し、反復することで手順を定着させる
➡テストや発表の場でアウトプットを前提にすることで、能動的にインプットさせる

「自分がまず成長せねば」と考える落とし穴

チームを成長させる近道が、「底上げ」ではなく「屋根上げ」ならば、**一番の近道はリーダー自身が成長することです**。しかし、リーダーは、どうやって自身を成長させればよいのでしょうか。それには2つのことを理解することが必要です。

①チームの「底上げ」が自分の「屋根上げ」になる

リーダーは、自分を成長させたいならメンバーの教育をしっかり行いましょう。つまり、「屋根上げ」をするには、まず「底上げ」することが肝心です。卵が先か、ニワトリが先かという話ですが、リーダーとメンバーは相互に影響しあいます。

これは、親子関係で「子どもを育てているつもりが、一番成長しているのは親」という意見とよく似ています。教えることは、教わること。人を成長させたり、育成させたりすることは、本当に手間がかかり、大変です。だからこそ、人材育成にきちんと取り組むことができたら、それは必ずリーダーを成長させます。

②「メンバーの成功が自分の成功だ」とメンバーに心から信じてもらう

「リーダーにとって一番大切なことは何ですか」と聞かれたら、私はこう答えるようにしています。「**メンバー一人一人の成功こそが自分の一番大切な目標だと、メンバーに心から信じてもらうこと**」だと。

私の新人時代の話です。大学卒業後、はじめて門をくぐった会社はバリバリの営業会社で、毎日100軒も200軒も飛び込み営業をするような、非常に厳しい会社でした。今は変わったそうですが当時はノルマも厳しく、ノルマを達成できる・できな

いで扱われ方も露骨に変わります。しかし、入りたてで右も左もわからない新人におい
それとノルマ達成などできません。

そんなある時、当時の私のリーダーが、「嶋津、今月は一緒にノルマを達成しよう！」
と言ってくれ、毎日のように同行営業を繰り返してくれました。とても面倒見のよい
方で、はじめて私に言ってくれた言葉は、「必ず俺が売れるようにしてやるから」でした。

彼は私に「行間を読む能力」と「成功の疑似体験」の２つを授けてくれました。

洗練された営業スキルを何度も見ることで、いつのまにか私は営業の「行間」を読
めるようになりました。

「契約ってそうやってとるんだ！」
「お客様がこう言って来たら、こう応酬をすればいいんだ！」
「こういう使い方をしていたら、こんなふうに提案をすればいいんだ！」

と今まで見えなかった相手との距離感や空気をつかめるようになりました。

彼はたびたび同席していただけの私に、契約をくれました。

ときには、帰社の途中、待ち合わせをして「俺はもう今月のノルマは達成したから」と、まったく会ったこともないお客の契約を渡してくれたのです。

結果、私は他力といえど初のノルマ達成、「成功の疑似体験」をしました。疑似とはいえ一度登った山からは下りたくないのが人の心。翌月からは必至に努力をして、自分の力で目標を達成できるようになりました。

当時の私は「本当にこのリーダーは、私の目標達成が最大の関心ごとなのだな」と心の底から信じていました。

育成から逃げると自分の首を締める

自分がメンバーだったときのことを思い浮かべてください。こういう人がリーダーだったら

「この人のために頑張って、早く迷惑のかからない存在にならなきゃ！」

と思いませんか。

「この人、本当に俺が成長するために一生懸命だな」
「この人、本当に俺が目標を達成するためにサポートしてくれるな」

あなたがメンバーにこう思われたら、間違いなくそのチームはうまくいくものなのです。

「自分の仕事が忙しいから」
「成長させたところでどうせ他の会社に移るから」

そうグチをこぼして人材育成から逃げていると、結局、自分もチームも成長できません。「自分の成長が第一」と考えてメンバーの育成を後回しにするリーダーは、皮肉なことにもっとも成長から遠ざかります。

「弱い」リーダーが最強のチームをつくるスキル 31

➡チームを成長させることで自分を成長させる
➡メンバー一人一人の成功が自分の最大の目標だと、メンバーに心から信じてもらう

「任せない」は仕事放棄も同然

待てるリーダーがチームを伸ばす

リーダーには「待つ」力が求められます。

体験させ、失敗を繰り返させながら、それによる成長を「待つ」ことが重要です。**時間をかけて人を育てることは、本当に面倒くさいことです。**リーダーはそれなりの経験や実績を積んでいるので、メンバーの仕事ぶりをみていると「そうじゃないんだよな」と叫びたくなる場面も多々あるはず。

しかし、**仕事を覚え能力を磨いていくためには、たくさんの失敗が必要です。**トラブル処理の原則と似ていますが、メンバーが解決する前にリーダーが手を差し伸べてしまっては、成長の機会を奪いかねません。

親は、生まれるまで10月10日待たされ、泣き止むまで待たされ、ハイハイするまで待たされ、歩くまで待たされ、自立するまで待たされます。同じように、メンバーの成長も待たされることの連続です。

仕事を頼むってもともと面倒くさい

本来、仕事を頼むことは非常に面倒くさいことです。

たとえば、はじめての仕事の場合、内容やルールを事細かに説明する必要があります。これだけでかなりの時間がとられます。いざ仕事が始まっても、説明不足や理解不足で修正に時間をとられます。終わったあとも、結果をチェックしたり、修正依頼を出したりで時間は取られます。

だからといって、自分ですべてをやって、相手の仕事を奪ってしまっては、いずれ自分がつぶれてしまいます。「自分でやったほうが効率的」と言ってメンバーの仕事を奪うリーダーは、長い目で見るととても非効率なことをやっています。また、効率・非効率以前に、「育成責任」の観点からすると、仕事をしていないも同然です。

山本五十六の、「やってみせ、言って聞かせて、させてみて、ほめてやらねば、人は動かじ」という有名な言葉があります。前半が有名ですが、これには続きがあります。

「話し合い、耳を傾け承認し、任せてやらねば人は育たず。やっている姿を感謝で見守って、信頼せねば、人は実らず」と。

私は、人を育てるために必要なことが全て、この言葉に入っていると思っています。**任せて信頼しないと、人は育たない、実らない。**すべてのリーダーが胸に刻み込むべき言葉だと思います。

「弱い」リーダーが最強のチームをつくるスキル 32

↓仕事を任せ失敗を繰り返させながら、成長するまで「待つ」
↓仕事を任せることは基本的に「面倒くさいこと」と心得る

おわりに・・・
「会社のために」で仕事をしないリーダーが、最強のチームをつくる

もっと「自分のために」仕事をする

リーダーは、自分よりもチームやメンバーを優先するべき。

長々と述べてきましたが、これを実行することができたら、リーダーとして結果を残せることは間違いありません。これは「言うは易し、行うは難し」です。リーダーとメンバーは親子ではありません。とある会社で、たまたまリーダーとメンバーの関係になっただけで、もともとは赤の他人。我が子を思うように、利害関係抜きにチームのことを思うことはできません。

リーダーはもっと「わがまま」に自分の幸せを追求していいのです。そして、幸せについて本気で深く深く考えると、「自分のために」周囲を幸せにしないといけない、という結論にたどりつきます。

ダメなリーダーは、中途半端に自分の幸せを追求します。そして、「自分だけのために」仕事をします。メンバーの面倒を見ないリーダーは、その典型です。

「自分のために」と「自分だけのために」

この2つの言葉は、似ていても全く異なります。最高のリーダーは、「自分のために」チームやメンバーを優先させます。「自分が幸せになるためには、まず周囲を幸せにしないといけない」と思っています。

だって、そうじゃありませんか。**リーダーがチームより自分を優先させていたら、いずれチームが回らなくなるのは明らかです。**そんなリーダーについていくメンバーなどいません。自分がメンバーだったら、そんなリーダーについていきますか？

忘れないでください。メンバーはあなたが思う以上に、あなたのことを見ています。もしあなたが10人のチームのリーダーなら、チームを見ている目は2つだけですが、あなたを見る目は20あります。

「出世したくない」あなたへ

リーダーになるとしんどいことも多いでしょう。コミュニケーション、生産性向上、トラブル処理、目標達成に教育、やることは山積みですし、結果が出なかったら責任を取らされるのもリーダーです。「出世したくない」『リーダーになんかなりたくない」という人が多くなってきたのもわかります。しかし、ここでまた私は質問をぶつけたい。

「自分のために、真剣に仕事をしていますか」と。

リーダー経験は、自分の世界を広げます。自分の視野が広がれば、あなたがこの世の中を渡っていく強力な武器になります。しんどいことも多いですが、その経験はきっとあなたを成長させます。**成長できる体験を自ら手放すことは、本当にあなたの人生にとってプラスになるのでしょうか。**

2章で書きましたが、私は仲の悪い支店長のところに飛行機で乗り付け、関係を修復したことがあります。この話をすると、「さすが行動力が違いますね」「私にはできないなあ」と言われますが、私からすると当然。放っておくといつか自分が困ることになるのは、目に見えていました。私はあのとき決して「会社のために」行動したのではありません。あくまで「自分のために」行動しました。

自分の幸せを考えたら・・・「幸せ」という言葉が重かったら、「おいしい思い」でもなんでもいいです。

おいしい思いをしたい！

ハッピーに生きたい！
楽しく仕事したい！

そう望むのであれば、自分はどう行動するべきか、真剣に考えましょう。

「自分」を大切にできない人は、「他人」を大切にできません。
「自分」を大切にできない人は、自分の「仕事」を大切にできません。
「自分」を大切にできない人は、自分の「人生」を大切にできません。

リーダーはもっと「わがまま」に生きるべきです。**「会社のために」ではなく、「自分のために」で仕事をしましょう**。それができたら、あなたはどこにいっても最高のリーダーになれます。

二〇一八年二月

嶋津 良智

嶋津良智（しまづ・よしのり）

一般社団法人日本リーダーズ学会 代表理事。30000人以上のリーダー育成に携わった、リーダー育成の第一人者。

大学卒業後、IT系ベンチャー企業に入社。同期100名の中でトップセールスマンとして活躍、その功績が認められ24歳の若さで最年少営業部長に抜擢。就任３ヶ月で担当部門の成績が全国ナンバー１になる。

その後28歳で独立・起業し、代表取締役に就任。M＆Aを経て、2004年、52億の会社まで育て株式上場（IPO）を果たす。

2005年、次世代リーダーを育成することを目的とした教育機関『リーダーズアカデミー』を設立。

2007年、シンガポールへ拠点を移し、講演・企業研修・コンサルティングを行う傍ら、顧問・社外役員として経営に参画。業績向上のための独自プログラム『上司学』が好評を博し、世界14都市でビジネスセミナーを開催。2013年、日本へ拠点を戻し、一般社団法人日本リーダーズ学会を設立、現在に至る。

「上司学」をさらに進化させた新メソッド「組織づくりの12分野」を開発し、世界で活躍するための日本人的グローバルリーダーの育成に取り組むなど、第一線で活躍中。

シリーズ100万部を突破した『怒らない技術』（フォレスト出版）をはじめとして、『だから、部下がついてこない！』（日本実業出版社）『あたりまえだけどなかなかできない 上司のルール』（明日香出版社）など著作多数、累計150万部を超える。

「弱い」リーダーが最強のチームをつくる

2018年3月26日　初版発行
2018年4月24日　2刷発行

著者　嶋津良智
発行者　常塚嘉明
発行所　株式会社 ぱる出版

〒160-0011　東京都新宿区若葉1-9-16
03（3353）2835―代表　03（3353）2826―FAX
03（3353）3679―編集
振替　東京 00100-3-131586
印刷・製本　中央精版印刷(株)

ISBN978-4-8272-1056-9 C0034